CADERNO DE IDEOGRAMAS

Chinês
Para leigos

Jing Li

ALTA BOOKS
GRUPO EDITORIAL
Rio de Janeiro, 2019

Caderno de Ideogramas Chinês Para Leigos®
Copyright © 2019 da Starlin Alta Editora e Consultoria Eireli. ISBN: 978-85-508-0705-8

Translated from original Les Cahiers d'écriture - Le chinois pour les Nuls®, Copyright © 2016 by Éditions First. ISBN 978-2-7540-8527-4. This translation is published and sold by permission of John Wiley & Sons, Inc., the owner of all rights to publish and sell the same. PORTUGUESE language edition published by Starlin Alta Editora e Consultoria Eireli, Copyright © 2019 by Starlin Alta Editora e Consultoria Eireli.

Todos os direitos estão reservados e protegidos por Lei. Nenhuma parte deste livro, sem autorização prévia por escrito da editora, poderá ser reproduzida ou transmitida. A violação dos Direitos Autorais é crime estabelecido na Lei nº 9.610/98 e com punição de acordo com o artigo 184 do Código Penal.

A editora não se responsabiliza pelo conteúdo da obra, formulada exclusivamente pelo(s) autor(es).

Marcas Registradas: Todos os termos mencionados e reconhecidos como Marca Registrada e/ou Comercial são de responsabilidade de seus proprietários. A editora informa não estar associada a nenhum produto e/ou fornecedor apresentado no livro.

Impresso no Brasil — 1ª Edição, 2019 — Edição revisada conforme o Acordo Ortográfico da Língua Portuguesa de 2009.

Obra disponível para venda corporativa e/ou personalizada. Para mais informações, fale com projetos@altabooks.com.br

Produção Editorial Editora Alta Books Gerência Editorial Anderson Vieira	Produtor Editorial Thiê Alves	Produtor Editorial (Design) Aurélio Corrêa	Marketing Editorial Silas Amaro marketing@alta-books.com.br Editor de Aquisição José Rugeri j.rugeri@altabooks.com.br	Vendas Atacado e Varejo Daniele Fonseca Viviane Paiva comercial@altabooks.com.br Ouvidoria ouvidoria@altabooks.com.br
Equipe Editorial	Adriano Barros Aline Vieira Bianca Teodoro	Ian Verçosa Illysabelle Trajano Juliana de Oliveira	Kelry Oliveira Paulo Gomes Thales Silva	Viviane Rodrigues
Tradução Maíra Meyer	**Copidesque** Jana Araujo	**Revisão Gramatical** Eveline Vieira Machado	**Diagramação** Luisa Maria Gomes	

Erratas e arquivos de apoio: No site da editora relatamos, com a devida correção, qualquer erro encontrado em nossos livros, bem como disponibilizamos arquivos de apoio se aplicáveis à obra em questão.

Acesse o site www.altabooks.com.br e procure pelo título do livro desejado para ter acesso às erratas, aos arquivos de apoio e/ou a outros conteúdos aplicáveis à obra.

Suporte Técnico: A obra é comercializada na forma em que está, sem direito a suporte técnico ou orientação pessoal/exclusiva ao leitor.

A editora não se responsabiliza pela manutenção, atualização e idioma dos sites referidos pelos autores nesta obra.

Dados Internacionais de Catalogação na Publicação (CIP) de acordo com ISBD

L693c   Li, Jing

    Caderno de Ideogramas Chinês para leigos / Jing Li ; traduzido por Maíra Meyer. - Rio de Janeiro : Alta Books, 2018.
    64 p. : il. ; 21cm x 28cm.

    Tradução de: Les cahiers d'écriture pour les nuls Le Chinois
    ISBN: 978-85-508-0705-8

    1. Língua. 2. Chinês. I. Meyer, Maíra. II. Título.

2018-1705   CDD 495.1
    CDU 811.581

Elaborado por Odilio Hilario Moreira Junior - CRB-8/9949

ALTA BOOKS
GRUPO EDITORIAL

Rua Viúva Cláudio, 291 — Bairro Industrial do Jacaré
CEP: 20970-031 — Rio de Janeiro - RJ
Tels.: (21) 3278-8069 / 3278-8419
www.altabooks.com.br — altabooks@altabooks.com.br
www.facebook.com/altabooks

Introdução

A escrita chinesa tem mais de 3500 anos de história. Ela transcende as diferenças entre os dialetos chineses e torna mais fácil a comunicação entre os povos chineses.

Como muitos talvez já saibam, há dezenas de milhares de caracteres, mas a maior parte deles é tão rara que você nunca os verá. Três mil caracteres são suficientes para a vida cotidiana. Mesmo que conheça apenas 500 caracteres, você pode reconhecer cerca de 75% das palavras chinesas e, com 1000 caracteres, conhece 89% delas. É um objetivo que você pode atingir. Os caracteres chineses são difíceis? Não, apenas diferentes da escrita em português. Os iniciantes acham que é muito difícil por causa da ausência de referência: as raízes dos caracteres, os componentes, os símbolos gráficos... Uma vez que as referências se estabelecem, o aprendizado fica mais simples.

Em sua origem, os caracteres chineses são pictogramas que representam elementos ou cenas do cotidiano, como "木" (mù, árvore, originalmente escrito "朿") e "舞" (wǔ, dança, originalmente escrito "燊", que significa "segurando flores, cantamos e dançamos"). Ao acrescentar alguns traços simples aos pictogramas, os antepassados chineses formaram simbologramas para representar ideias relativas ou abstratas, de modo que a raiz "本" (běn) representa uma árvore (木, mù) com um traço suplementar em sua base. O conceito de orientação 上 (shàng, sobre) e 下 (xià, sob) são um traço horizontal com 2 traços acima ou abaixo. Esses dois modos de criação da escrita chinesa dão impressão de que os caracteres chineses são "imagens", "desenhos". Na verdade, esses dois tipos de caracteres simples, que compreendem um único componente, representam somente 10% da totalidade dos caracteres chineses. Com base nesses dois gêneros de caracteres simples, são representados milhares de caracteres compostos.

Você pode considerá-los peças de um quebra-cabeça: ao combinar os pictogramas ou os simbologramas, novos caracteres chamados "ideogramas" (cerca de 10% dos caracteres chineses) são produzidos. O significado do ideograma pode ser a combinação de significado de cada componente. Por exemplo, "明" (míng), que significa brilhante, é composto dos caracteres 日 (rì, sol) e 月 (yuè, lua); 女 (nǔ, mulheres) e 子 (zǐ, criança) podem ser combinados em 好 (hǎo, bom/bem). Hoje, cerca de 80% dos caracteres chineses são ideofonogramas, uma combinação de um componente fonético e um componente semântico, como "妈" (mãe): a parte à esquerda, 女, representa o gênero "feminino" e a parte à direita 马 (**mǎ**) representa a pronúncia "ma".

Em suma, o aprendizado dos caracteres chineses implica, em primeiro lugar, conhecer as "peças do quebra-cabeça" e as regras do jogo, depois, compor os caracteres adequados. Esse processo fascinante e estimulante pode mobilizar integralmente os hemisférios esquerdo e direito do cérebro. Você está pronto? Vamos começar o jogo agora.

Conteúdo deste caderno

Este caderno guiará seus primeiros passos no aprendizado dos caracteres chineses. Ele apresenta 100 caracteres fundamentais, entre os quais 44 caracteres simples (pictogramas e simbologramas) e 56 caracteres compostos (ideogramas e ideofonogramas).

Pouco a pouco, ele o ajuda a se familiarizar com as "peças do quebra-cabeça" usadas com mais frequência, bem como com algumas regras básicas da escrita chinesa, e a compreender o sistema de escrita chinesa, a fim de facilitar o aprendizado.

Esses 100 caracteres são classificados do mais simples ao mais complexo. Cada caractere é apresentado como se segue:

- » Forma simplificada;
- » Forma tradicional (se existente);
- » Pinyin (pronúncia);
- » Significado principal;
- » Nomeadamente, as palavras que ajudam a raciocinar e adivinhar o significado do termo e que contribuem para enriquecer o vocabulário;
- » Fundamentos que ajudam a localizar o campo semântico do caractere;
- » Arranjos que permitem estabelecer os elos de cada componente e desenvolver sua própria estratégia de aprendizagem;
- » Origem do caractere e recursos mnemotécnicos para memorizá-lo;
- » Quantidade e ordem dos traços que o orientam a escrever cada caractere, etapa por etapa.

Antes de começar

Aqui, apresentamos brevemente alguns dos princípios básicos mais importantes da escrita chinesa.

» Não pense que todos os caracteres chineses são desenhos. Iniciantes precisam aprender os caracteres chineses por meio da "imagem", mas os pictogramas são, na verdade, limitados. Os grafismos dos caracteres chineses passaram por uma evolução ao longo dos séculos, sobretudo após a simplificação dos caracteres chineses de 1956 e, como resultado, vários caracteres perderam o traço de sua grafia original. Portanto, é preciso observar os elos entre os componentes do caractere; a capacidade de identificar e nomear os componentes gráficos de um caractere tem um papel decisivo na memorização.

» Não confunda caracteres e palavras. Um caractere chinês representa uma sílaba. A maioria das palavras chinesas é constituída de duas ou mais sílabas. Você pode deduzir o significado geral da palavra através de cada caractere. Mas, às vezes, isso não é óbvio. Por exemplo, 马 (mǎ) significa "cavalo", 虎 (hǔ) significa "tigre", mas a palavra 马虎 significa "imprudente" e a palavra 马马虎虎 é traduzida em português como "mais ou menos".

» Comece com a prática dos 8 traços fundamentais abaixo. Observe, primeiro, em qual sentido traçá-los. O traço é a menor unidade gráfica dos caracteres chineses, constituído por pontos e linhas. Um traço, qualquer que seja ele, se desenha sem tirar a pena da folha de papel. Você dominará progressivamente os traços combinados ao aprender os caracteres neste caderno.

Nº	Nome	Traços
1	Ponto	
2	Horizontal	
3	Vertical	
4	Descendente à esquerda	
5	Descendente à direita	
7	Elevado	
7	Quebrado	
8	Gancho	

» Respeite a ordem dos traços. O respeito à ordem dos traços tem como objetivo reduzir, de acordo com a lógica chinesa, o trajeto percorrido pela caneta, aumentar a velocidade da escrita e facilitar a aquisição do automatismo. A tabela abaixo abrange as oito regras básicas.

N°	Regras	Exemplo
1	Horizontal e depois vertical.	十
2	Curva à esquerda antes da direita.	人
3	De cima para baixo.	三
4	Da esquerda para a direita.	对
5	Fora e depois dentro.	问
6	Primeiro os três lados do quadro, em seguida o interior, depois, fechar o quadro.	回
7	O meio antes dos dois lados para um caractere com uma simetria.	小
8	O ponto acima à direita ou no meio é sempre traçado por último.	书

Estratégias de aprendizado dos caracteres chineses

Um dos objetivos deste caderno é apresentar a você algumas estratégias eficazes de aprendizado dos caracteres chineses. Todos os caracteres compostos neste caderno são divididos em "componentes gráficos". É para lembrá-lo de que um método eficaz para memorizar os caracteres chineses é gravar a combinação dos componentes, e não a dos traços. Ainda que os sinogramas sejam numerosos, a quantidade de componentes é limitada. Por exemplo 您 (nín, senhor(a) [formal]) abrange três componentes elementares : 亻, 尔, 心. Memorizar três componentes semânticos é mais fácil que memorizar 11 traços, desde que, claro, eles tenham sido aprendidos previamente.

Propomos os seguintes métodos:

1. Planejar o aprendizado:
- Estabelecer objetivos: um número de sinogramas para aprender a cada semana.
- Utilizar as matrizes de escrita dos caracteres chineses.
- Reservar tempo regularmente para revisar os sinogramas (escrevendo-os várias vezes, visualizando-os na cabeça, folheando o manual ou as observações etc...).

- Testar fazendo um ditado ou dando uma olhada, depois, adivinhando o significado.

2. Para aprender o som:
- Associar o som do caractere com o componente fonético (para os ideofonogramas).
- Adivinhar o som do sinograma desconhecido por meio de seus componentes.
- Marcar o tom sobre o sinograma.
- Repetir os sinogramas (em voz alta ou baixa) ao escrevê-los.
- Associar/comparar/reagrupar os sinogramas que têm sons similares.

3. Para aprender o significado:
- Associar o caractere chinês com uma imagem (para os pictogramas/simbologramas).
- Elaborar uma história em torno dos componentes do caractere chinês (para os ideogramas/ideofonogramas).
- Memorizar o caractere chinês em uma palavra ou uma frase.
- Reagrupar os caracteres chineses que contêm o mesmo fundamento.
- Adivinhar um caractere chinês desconhecido por meio de seu fundamento ou seus componentes.

4. Para aprender a forma:
- Praticar os traços fundamentais e também os traços combinados na etapa inicial do aprendizado.
- Observar a disposição e a proporção dos componentes em um espaço virtual quadrado antes de traçá-lo.
- Praticar a decomposição de um caractere chinês em componentes.
- Associar/comparar/reagrupar os caracteres chineses que têm formas similares.
- Memorizar primeiro os componentes conhecidos, depois os outros.

Este pequeno caderno é voltado para iniciantes. Ele adota uma abordagem estrutural que o ajuda a dominar progressivamente os 100 caracteres fundamentais. Esperamos que você goste do processo de aprendizagem.

一 · um

yī

Com um único traço, o caractere 一 (um) é o mais simples de escrever e gravar. Ele permite formar as palavras 一个人 (yígèrén, uma pessoa) 一月 (yī yuè, janeiro). yī se pronuncia no 4° tom antes de um 1°, um 2° ou um 3° tom, mas passa para o 2° tom diante de um 4° tom.

Fundamento: 一

二 · dois

èr

O número dois se escreve com dois traços, lógico! Ele pode ser combinado com outros caracteres para formar as palavras 二月 (èr yuè, fevereiro) e 二十一 (èrshíyī, vinte e um).

Fundamento: 二

十 · dez
shí

Shí, que significa dez, pode ser associado ao caractere 天 para criar 十天 (shí tiān, dez dias).

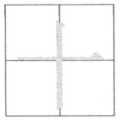

Fundamento: 十

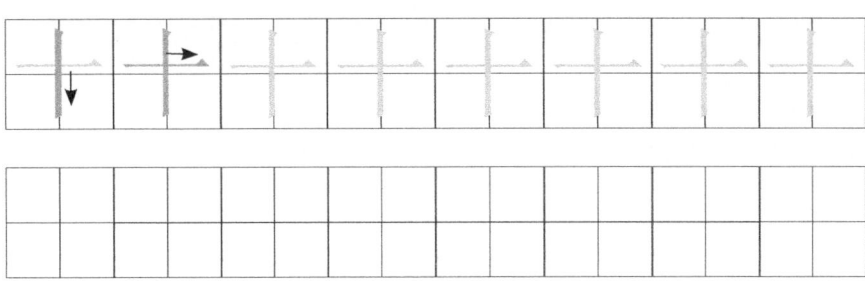

七 · sete
qī

Significando sete, qī é utilizado para indicar tudo o que se liga a esse número, como o sétimo mês, 七月 (qī yuè, julho).

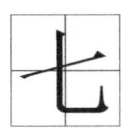

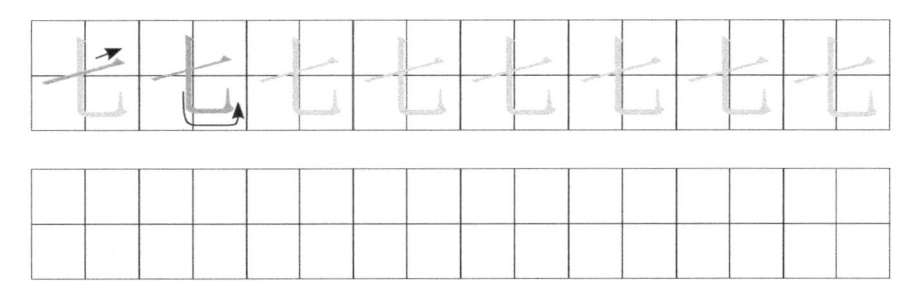

Fundamento: 一

Caderno de Ideogramas Chinês Para Leigos

八 · oito
bā

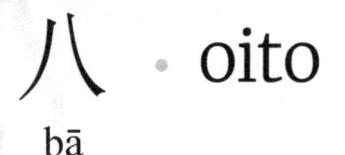

Este caractere significa oito e é igualmente utilizado para os componentes que usam esse número: 八月 (bā yuè, agosto).

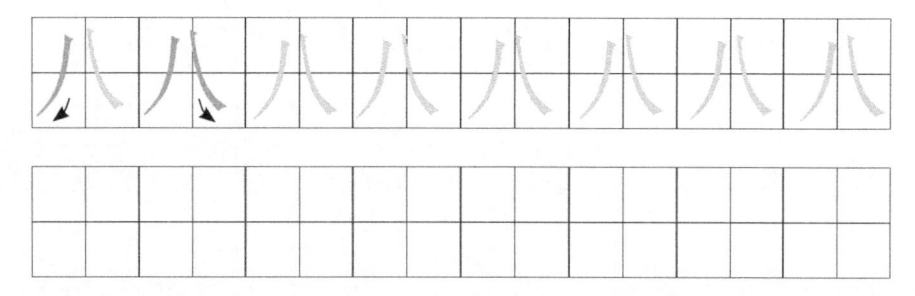

Fundamento: 八

九 · nove
jiǔ

Apesar de sua aparência, o caractere 九 é composto de somente dois traços. Significando nove, ele é utilizado nos compostos que fazem referência a esse número, como 九月 (jiǔ yuè, setembro).

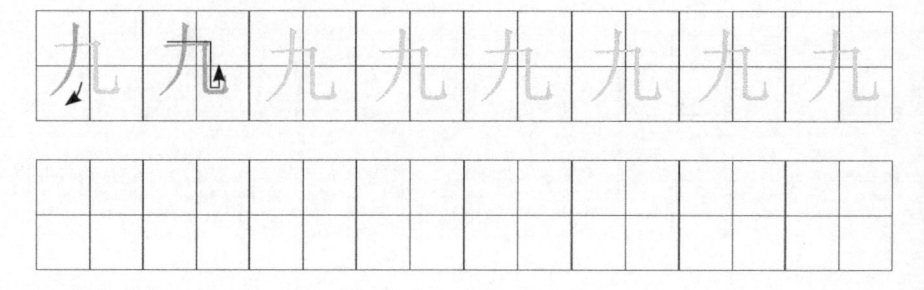

Fundamento: 丿

gè

Este caractere não é uma palavra em si; trata-se, na verdade, de um classificador. Podemos encontrá-lo em 三个人 (sān gè rén, três pessoas).

Fundamento: 人

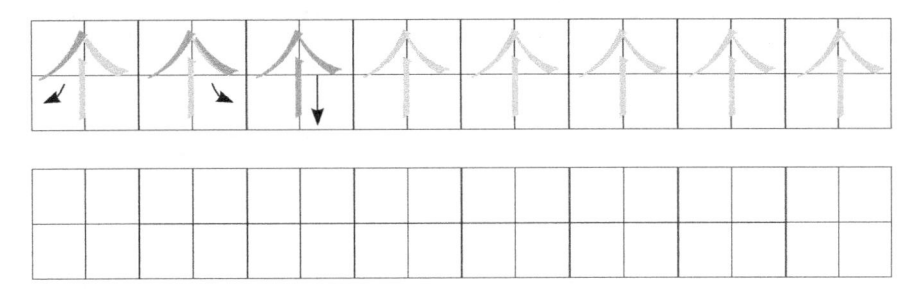

le

O caractere 了 é uma partícula pós-verbal ou final que marca a conclusão da ação ou a mudança de um estado, como na frase 他来了。(Tā lái le., Ele veio.)

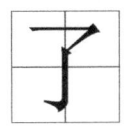

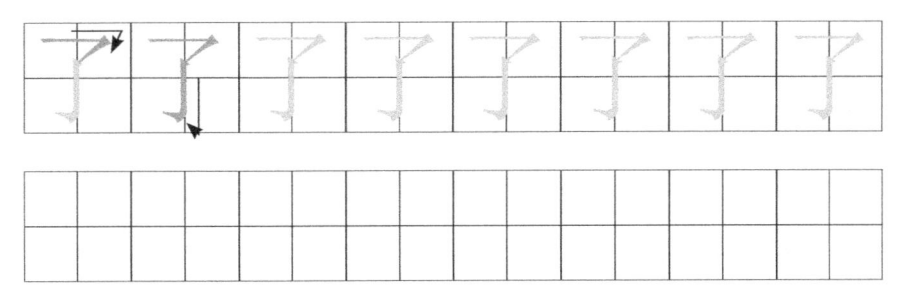

Fundamento: 一

人 · homem
rén

人 é um caractere que certamente se deve conhecer, pois significa homem, pessoa. É encontrado na palavra 人口 (rénkǒu). Sua grafia antiga representava uma pessoa em pé.

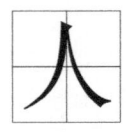

Fundamento: 人

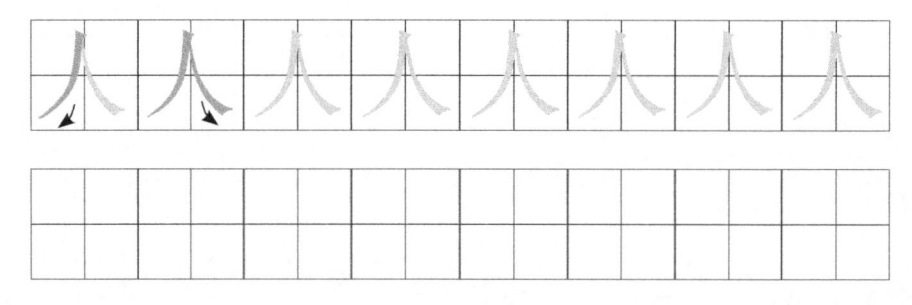

门 · porta
mén

Este caractere é bem fácil de aprender, pois tem a forma do que representa: uma porta. É encontrado em 大门 (dàmén, entrada principal).

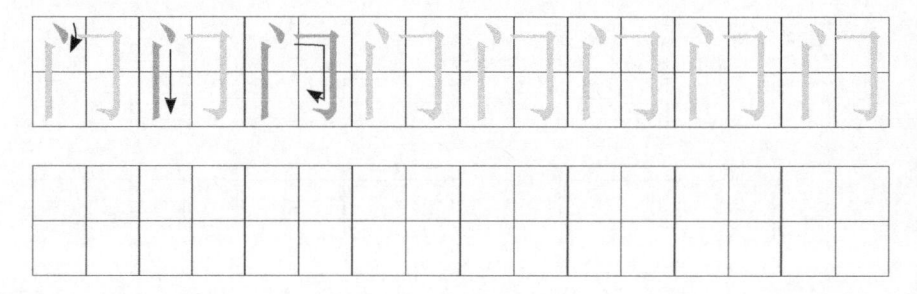

Fundamento: 门

口 · boca
kǒu

A grafia antiga desse caractere representava uma boca aberta, daí seu significado atual de boca. 口 também é um classificador. Associado a outros caracteres, ele gera, entre outros, 口水 (kǒushuǐ, saliva).

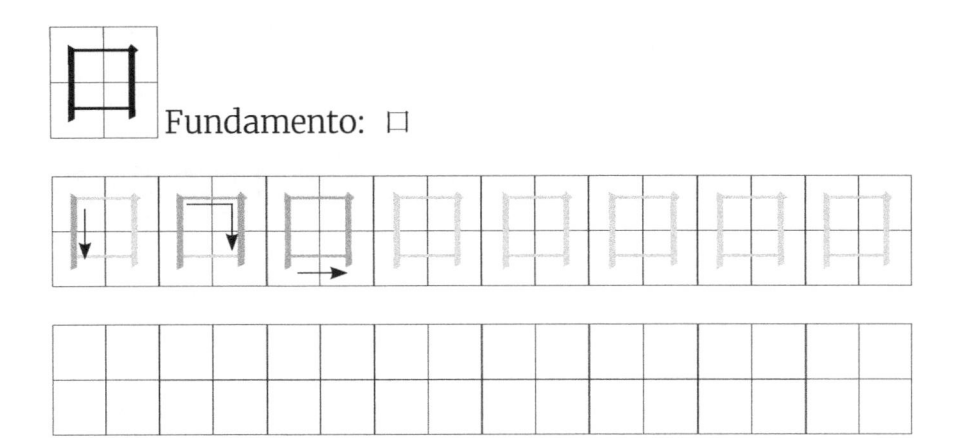

Fundamento: 口

女 · mulher
nǔ

O caractere antigo representava uma mulher ajoelhada com os braços cruzados. Portanto, não surpreende que seu significado atual seja mulher, menina, feminino. Associado ao caractere 人 (apresentado antes), ele forma 女人 (nǔrén, mulher).

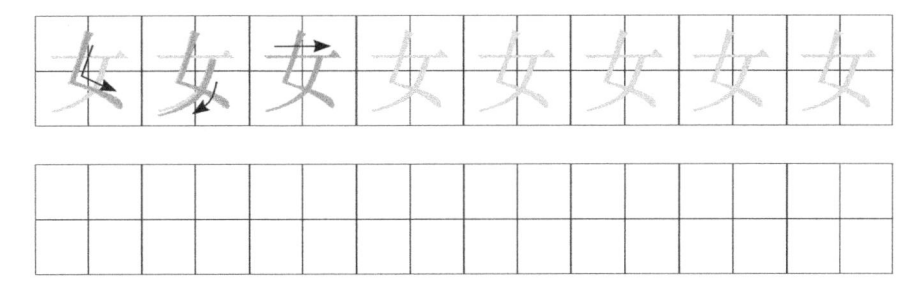

Fundamento: 女

工 · trabalho
gōng

A grafia antiga deste caractere representava uma ferramenta agrícola. Hoje, ele significa trabalho e trabalhador. Com o caractere 人 (apresentado antes), forma 工人 (gōngrén, trabalhador).

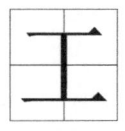

Fundamento: 工

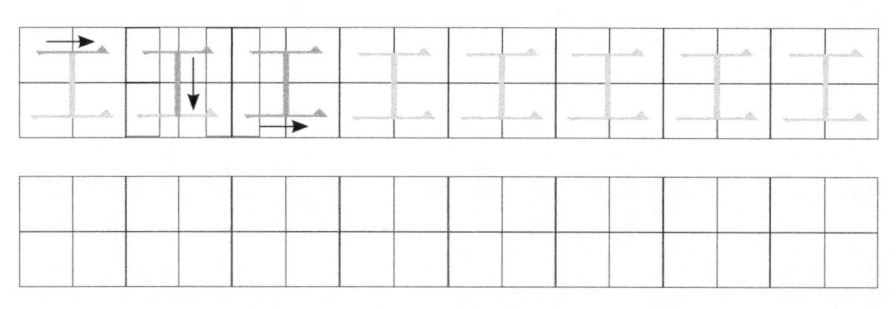

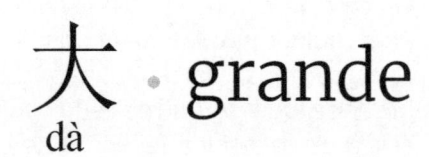

大 · grande
dà

Significando grande, gordo, a grafia antiga deste caractere representava uma pessoa afastando os braços e as pernas. Ele é composto de 一 (um) e 人 (pessoa). É encontrado 大 em 大人 (dàrén, adulto) e 大小 (dàxiǎo, tamanho de alguma coisa).

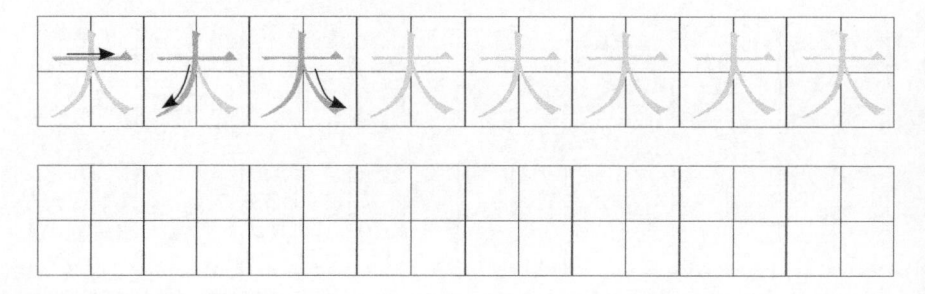

Fundamento: 大

小 · **pequeno**
xiǎo

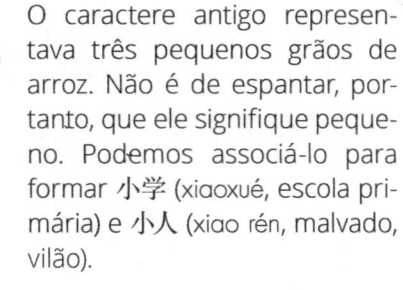

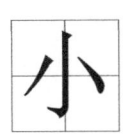

O caractere antigo representava três pequenos grãos de arroz. Não é de espantar, portanto, que ele signifique pequeno. Podemos associá-lo para formar 小学 (xiaoxué, escola primária) e 小人 (xiao rén, malvado, vilão).

小 Fundamento: 一   Número de traços: três

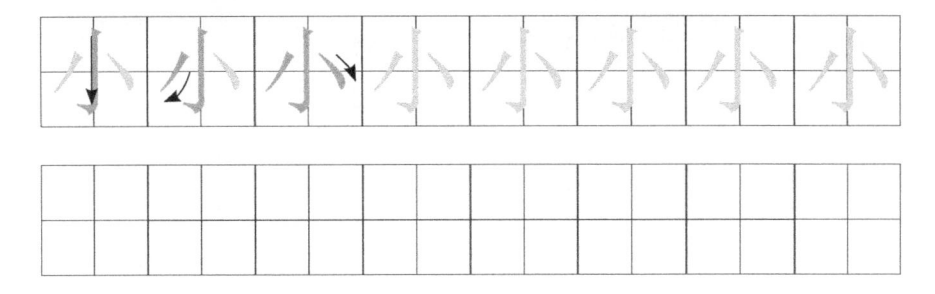

三 · **três**
sān

Três traços simples para indicar o número três... Fácil! Assim como para os outros números, nós o encontramos nos nomes de meses, 三月 (sān yuè, março), e nos números, 三十二 (sānshí'èr, trinta e dois).

三 Fundamento: 一

Caderno de Ideogramas Chinês Para Leigos

山 · montanha
shān

Composto de 丨 (linha) e 凵 (côncavo), a grafia antiga deste caractere tinha a forma de três picos montanhosos. Ele significa montanha e se encontra em 山水 (shānshuǐ, paisagem).

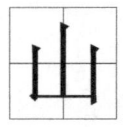

Fundamento: 一

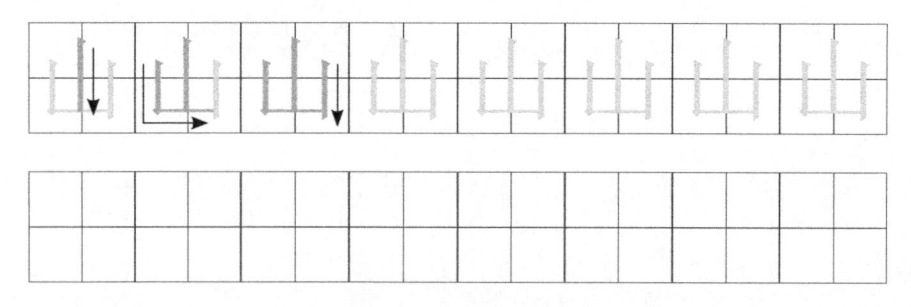

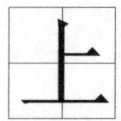

上 ·
shàng

Em sua grafia antiga, ele representava dois traços simbólicos acima do horizonte. Portanto, logicamente significa sobre, acima, subir. Permite criar os compostos 山上 (shānshang, nas montanhas), 手上 (shǒushang, na mão), 门上 (ménshang, sobre a porta) ou, ainda, 上山 (shàng shān, subir a montanha).

Fundamento: 一

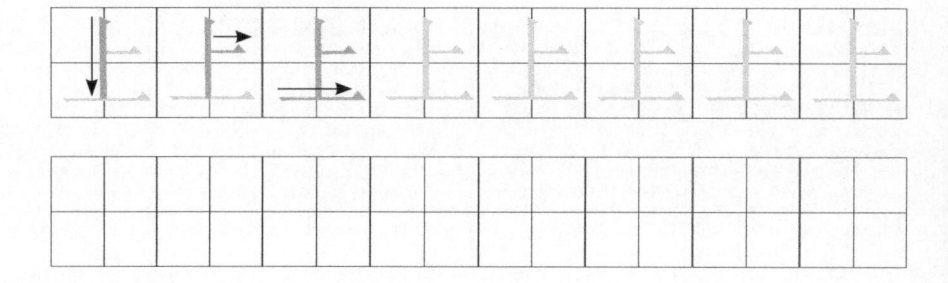

下
xià

Em sua grafia antiga, ele representava dois traços simbólicos abaixo do horizonte. Portanto, logicamente significa sob, abaixo, descer. Ele permite criar os compostos 山下 (shānxià, base da montanha) e 下山 (xià shān, descer a montanha).

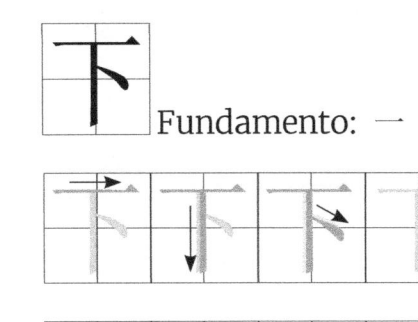

下 Fundamento: 一

也
yě

O caractere 也, composto somente de três traços, significa também. Ele está presente na frase 我也上山。(Wǒ yě shàng shān., Também estou subindo a montanha.).

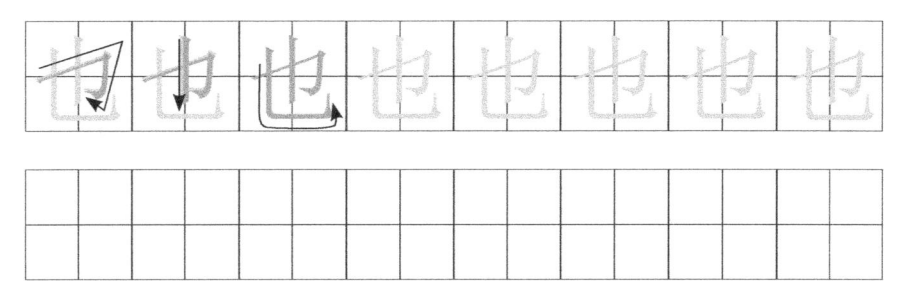

也 Fundamento: 乙

子 · **criança**
zǐ

Em sua grafia antiga, este caractere representava uma criança envolta em panos. Não é de espantar, portanto, que ele signifique filho, criança. 个子 (gèzi, altura de alguém) e 子女 (zǐnü, criança) utilizam, ambos, esse caractere. Também serve como sufixo.

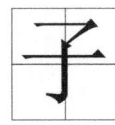

Fundamento: 子

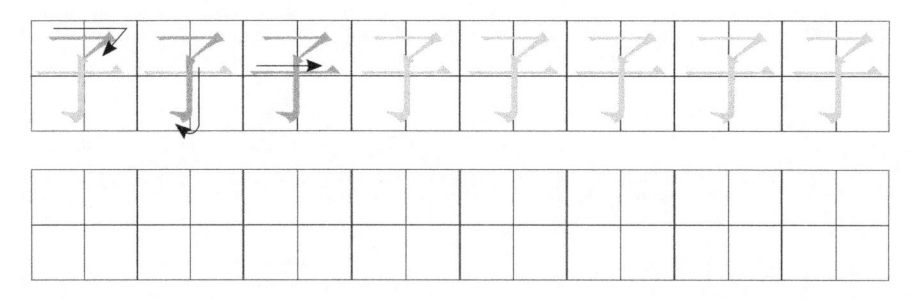

五 · **cinco**
wǔ

Composto de quatro traços, o número cinco se encontra nos compostos exprimindo essa ideia, como em 五月 (wǔ yuè, maio).

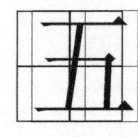

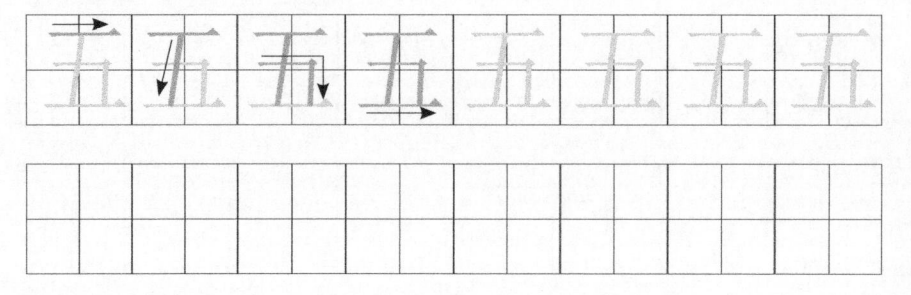

Fundamento: 二

六 · seis
liù

O número seis é composto somente de quatro traços, mas se encontra, logicamente, nas palavras que utilizam a noção de seis, como 六月 (liù yuè, junho).

Fundamento: 八

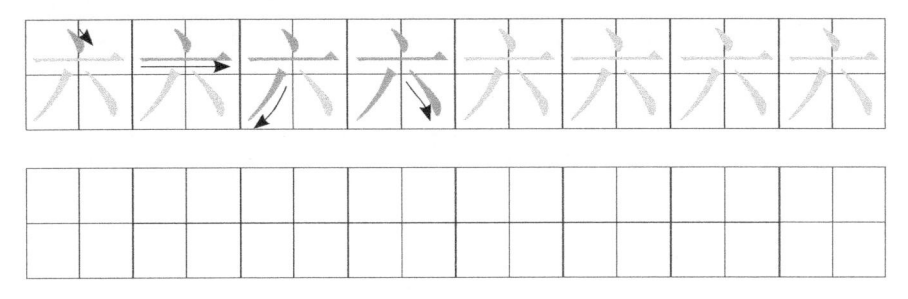

水 · água
shuǐ

Representando originalmente a água corrente, este caractere herdou uma grafia mais complexa, mas ainda carrega o significado de água. Nós o encontramos em 白水 (báishuǐ, águas-vivas) e 开水 (kāishuǐ, água fervente).

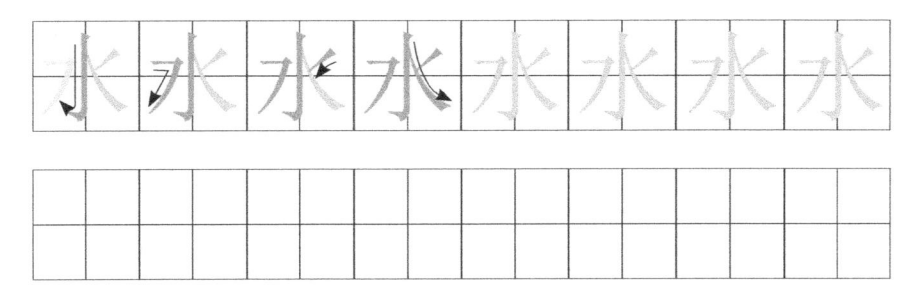

Fundamento: 水

火 · fogo
huǒ

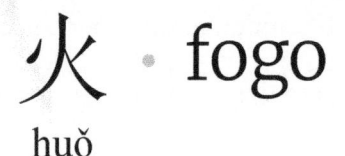

A grafia antiga do caractere fogo mostrava chamas. De visualização menos imediata, nós o encontramos no composto 火车 (huǒchē, trem).

Fundamento: 火

手 · mão
shǒu

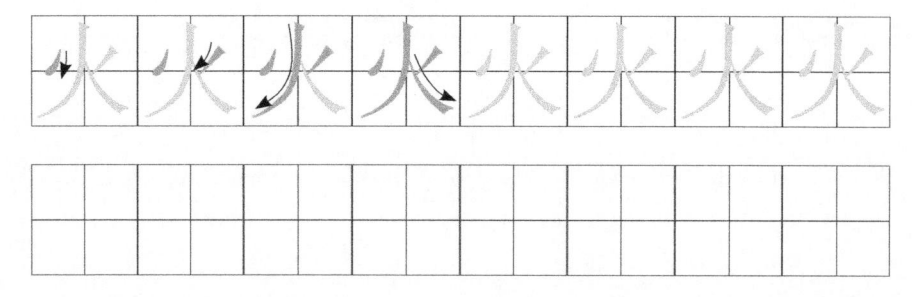

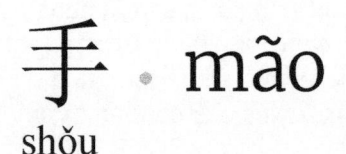

A grafia antiga do caractere exprimindo a palavra mão representava cinco dedos afastados. Associado a outros caracteres, ele forma, entre outros, 小手 (xiǎoshǒu, mãos pequenas).

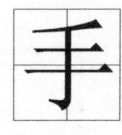

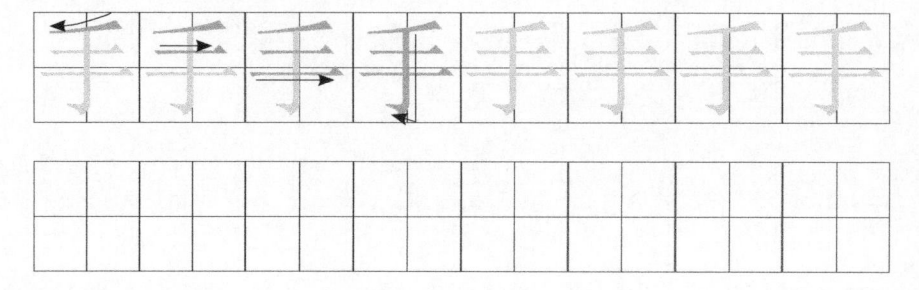

Fundamento: 手

车 · veículo

chē

A grafia antiga deste caractere representava um tanque de guerra antigo. Hoje, ele é utilizado para designar todo tipo de veículo, como em 上车 (shàng chē, entrar no carro) e 车上 (chēshàng, no carro).

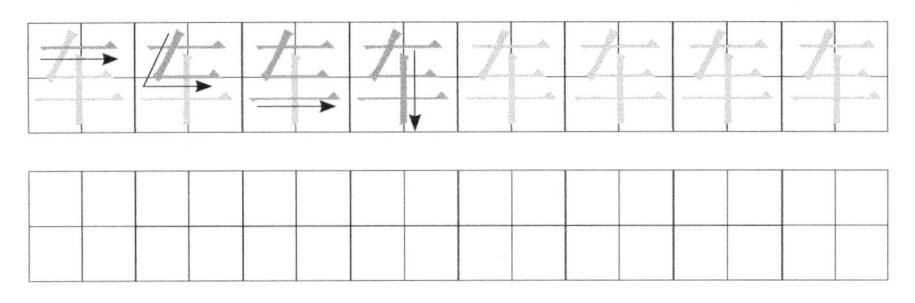

车 Fundamento: 车

日 · sol

rì

Em sua origem, este caractere representava o formato do sol. Portanto, nos tempos atuais, ele logicamente significa dia. O composto 日子 (rìzi) significa dia, vida.

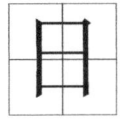

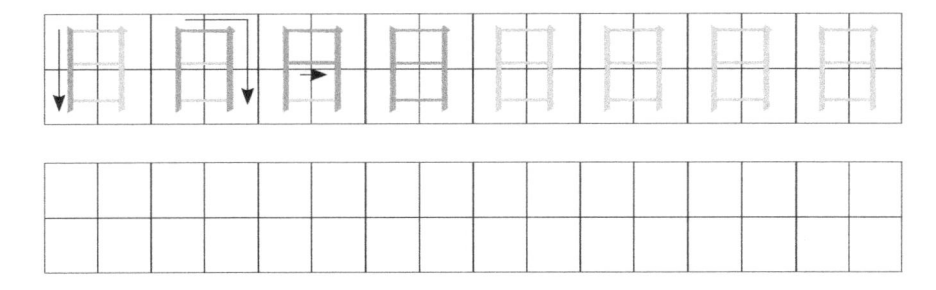

日 Fundamento: 日

中 · linha
zhōng

A grafia antiga deste caractere representava uma flecha no meio de um alvo. Hoje, ele tem sentido de meio. Nós o encontramos na escrita da palavra China (中国, Zhōngguó).

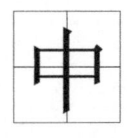

Fundamento: 丨

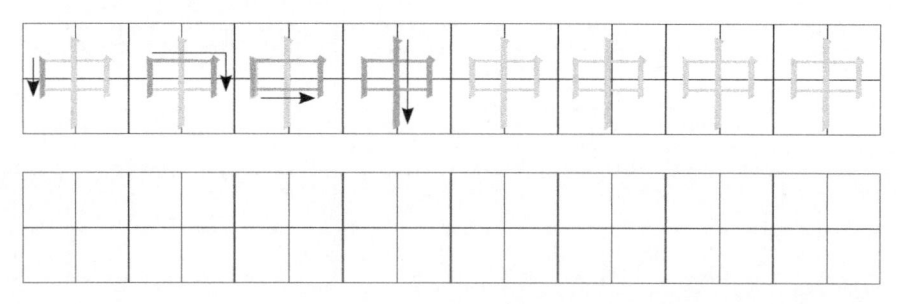

天 · grande
tiān

A grafia antiga representava a abóbada celeste acima de um homem. Hoje, este caractere é composto de 一 (um) e 大 (grande) e significa dia, céu. Ele está presente nos compostos 天天 (tiāntiān, cada dia) e 白天 (báitiān, dia).

Fundamento: 大

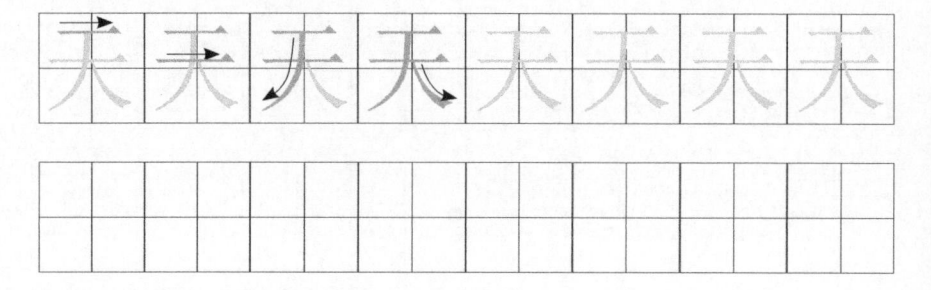

文 · escrita
wén

O caractere 文 significa língua, escrita. Nós o encontramos na palavra 中文 (zhōngwén, língua chinesa).

Fundamento: 文

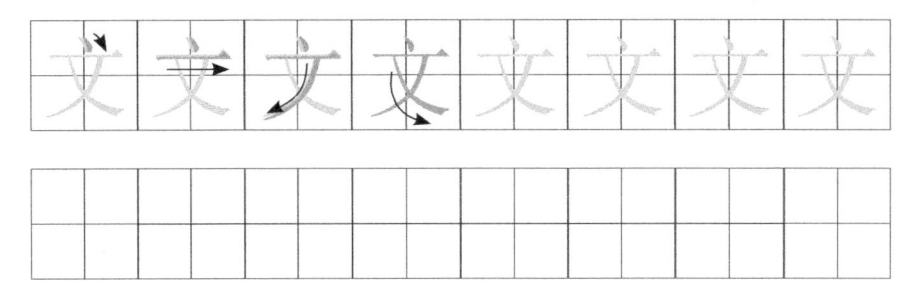

心 · coração
xīn

A grafia antiga deste caractere tinha formato de coração e seu significado não mudou. Associado a outros caracteres, pode significar 心中 (xīnzhōng, no coração) e 中心 (zhōngxīn, centro).

Fundamento: 心

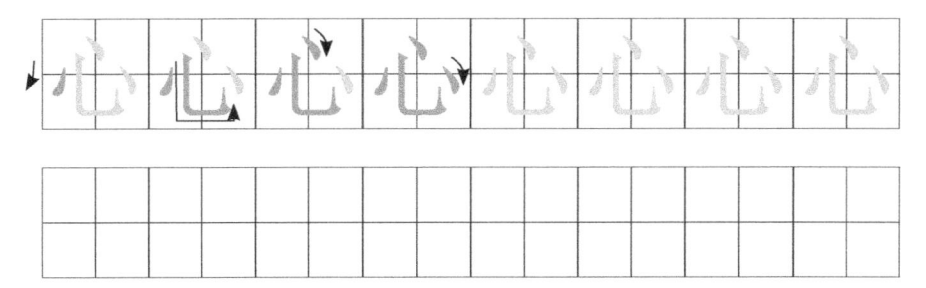

月 · lua
yuè

A grafia antiga deste caractere tinha o formato da lua. Hoje, composto de quatro traços, ele significa mês. Nós o encontramos nas palavras 一月 (yī yuè, janeiro) e 一个月 (yígè yuè, um mês).

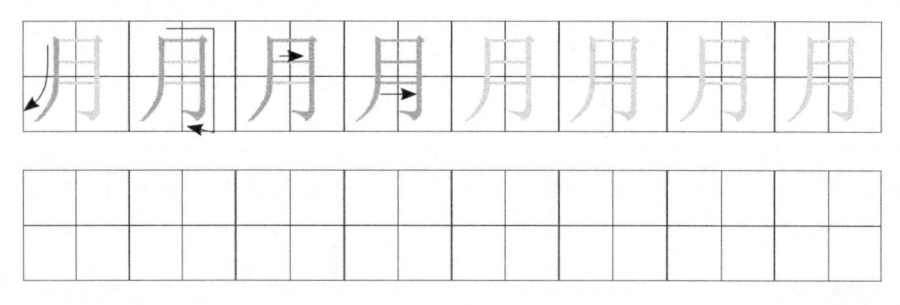

月 Fundamento: 月

书 · livro
shū

O caractere 书 significa livro. Associado a outros caracteres, pode se tornar 看书 (kànshū, livro, um livro) ou 小人书 (xiǎo rén shū, história em quadrinhos).

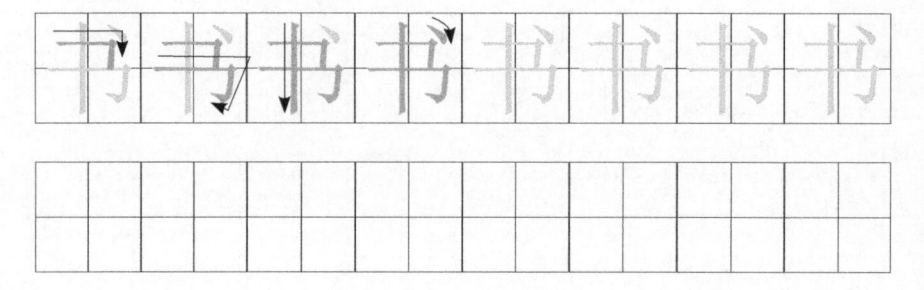

书 Fundamento: 一

开 · duas mãos
kāi

A grafia antiga deste caractere significava abrir a porta com as duas mãos. Hoje, ele é composto de 一 (um) e 廾 (duas mãos), e significa abrir. Associado a 车 (apresentado antes), obtemos 开车 (kāichē, dirigir um carro).

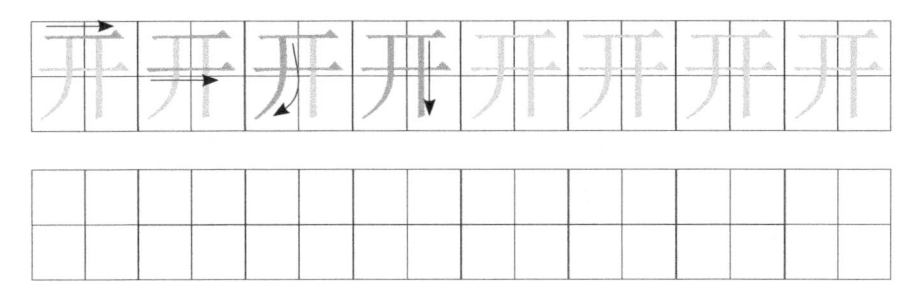

开 Fundamento: 廾

少 · pouco
shǎo

Composto por 小 (pequeno) e 丿, este caractere significa pouco. Ele está presente na frase 人不少。(Rén bù shǎo., Há poucas pessoas).

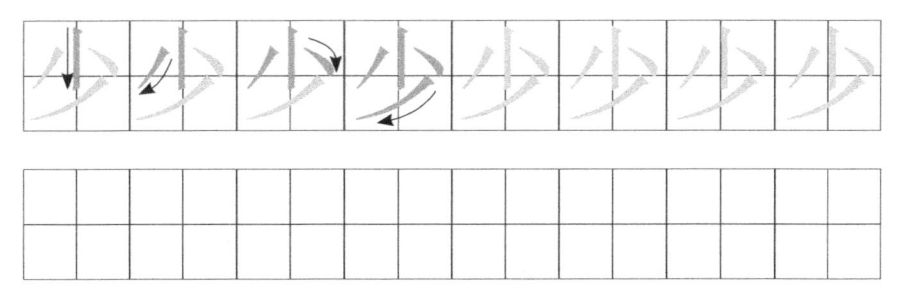

少 Fundamento: 小

Caderno de Ideogramas Chinês Para Leigos

不
bù

不 indica a negação ou a ausência: não ser, não, nada, sem. Nós o encontramos em 不好 (bù hǎo, nada bom, nada bem) e 不看 (bú kàn, não olhar). Bù passa para o 2° tom quando precede um 4° tom.

Fundamento: 一

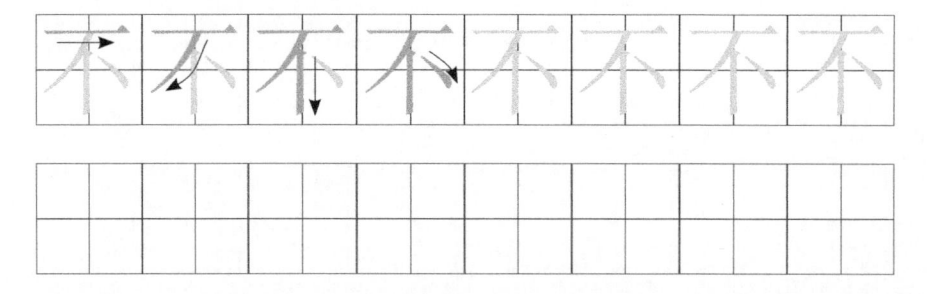

四
sì · quatro

Composto de cinco traços, o número quatro é utilizado nos compostos retomando a noção de quatro, como em 四月 (sì yuè, abril).

Fundamento: 口

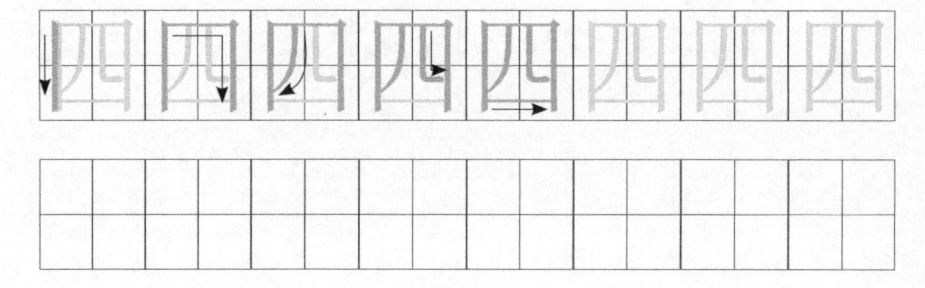

白 · branco
bāi

Composto pelos caracteres 丿 e 日 (sol), 白 significa branco. Associado a outros caracteres, torna-se 白天 (báitiān, dia) ou 白人 (báirén, os brancos).

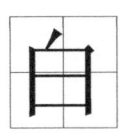

Fundamento: 白

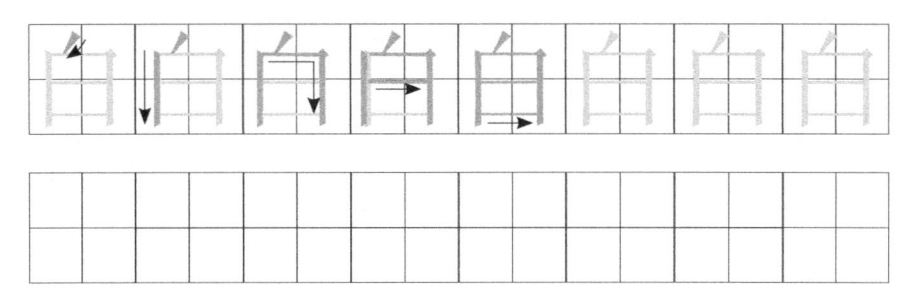

出 · sair
chū

Composto pelo caractere 山 (montanha) escrito duas vezes, um sobre o outro, este caractere significa sair. Associado, ele gera 出门 (chūmén, sair de casa) e 出国 (chūguó, ir para o exterior).

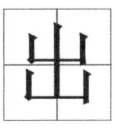

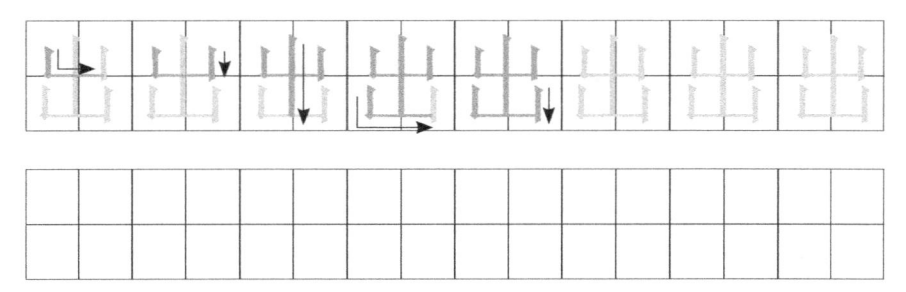

Fundamento: 凵

用 · utilizar
yòng

Composto de 月 (lua) e 丨, o caractere 用 quer dizer utilizar. 有用 (yǒuyòng, útil) e 没有用 (méiyǒu yòng, inútil) são criados associando a outros caracteres.

Fundamento: 用

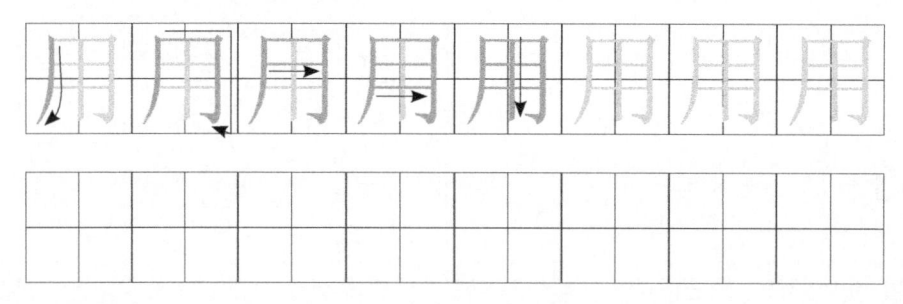

来 · vir
lái

Composto de sete traços e dos caracteres 一 (um) e 米 (arroz), 来 significa vir. Nós o encontramos na frase 来我家。(lái wǒjiā, Venha à casa).

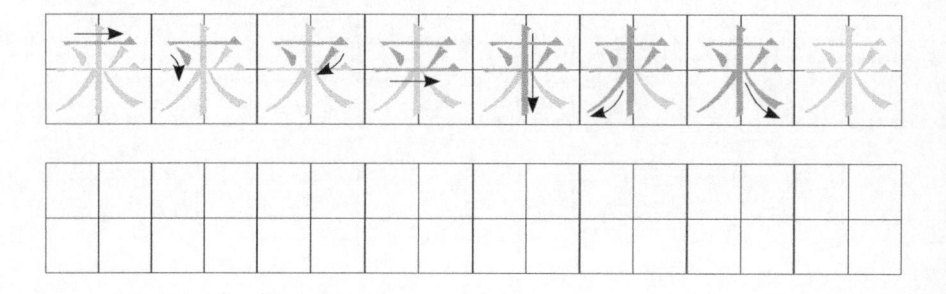

Fundamento: 木

里 lǐ · em, interior

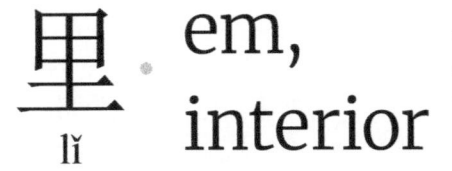

Composto dos caracteres 日 (sol) e 土 (terra), ele significa em, interior. Associado a outros caracteres, gera 家里 (jiālǐ, em casa).

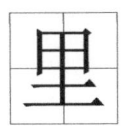

Fundamento: 里

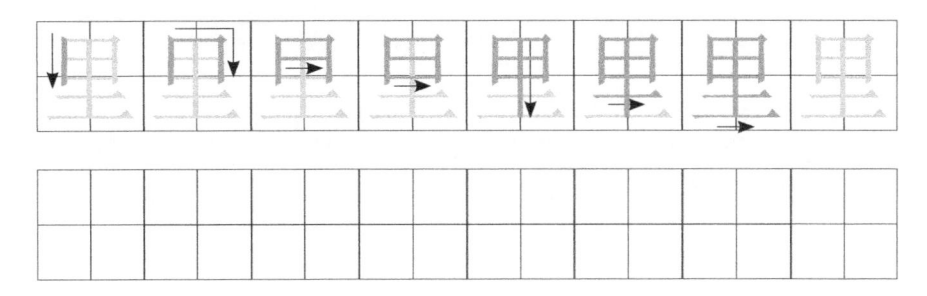

我 wǒ · eu, mim

A grafia antiga deste caractere representava uma mão segurando uma alabarda. Portanto, não surpreende que seja composto dos caracteres 手 (mão) e 戈 (alabarda). Nós o encontramos em 我们 (wǒmen, nós), 我的 (wǒ de, meu, minha) e na frase 我是中国人。(Wǒ shì Zhōngguó rén., Eu sou chinês.).

Fundamento: 戈

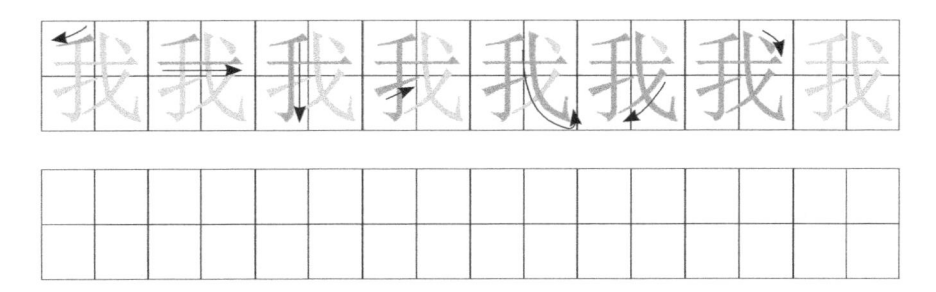

他 · ele, lhe
tā

Composto de 亻 (homem) e 也 (também), significa ele, lhe. Nós o encontramos em 他们 (tāmen, eles) 他的 (tā de, seu).

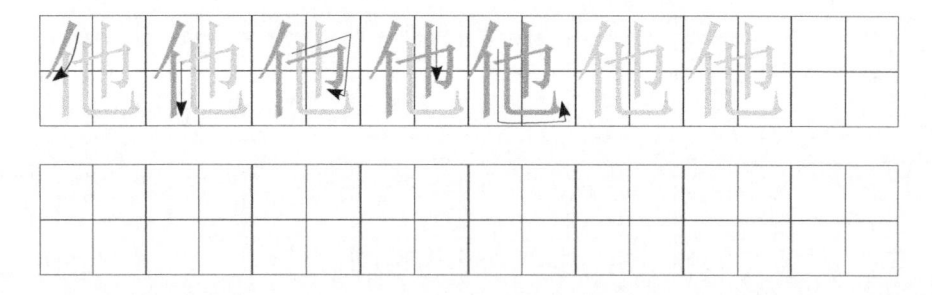

他 Fundamento: 亻

们
men

Composto dos caracteres 亻 (homem) e 门 (porta), 们 é um sufixo que marca o plural de pessoas. Associado ao caractere 人, ele gera 人们 (rénmen, as pessoas).

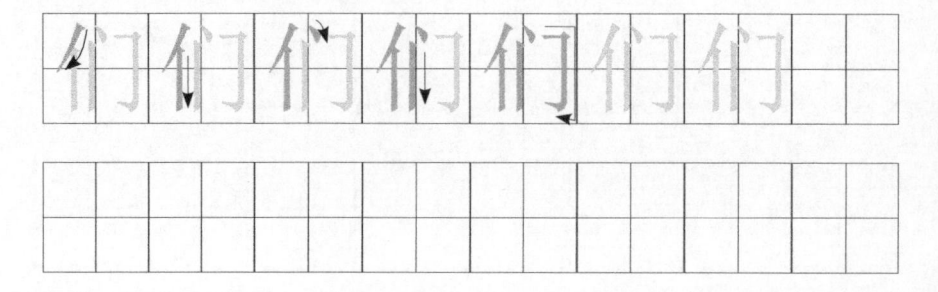

们 Fundamento: 亻

对 · correto

duì

Composto pelos caracteres 又 (ainda) e 寸 (polegar), significa correto e também serve como as preposições a, contra, para, perante. Associado a outros caracteres, gera 不对 (búduì, incorreto).

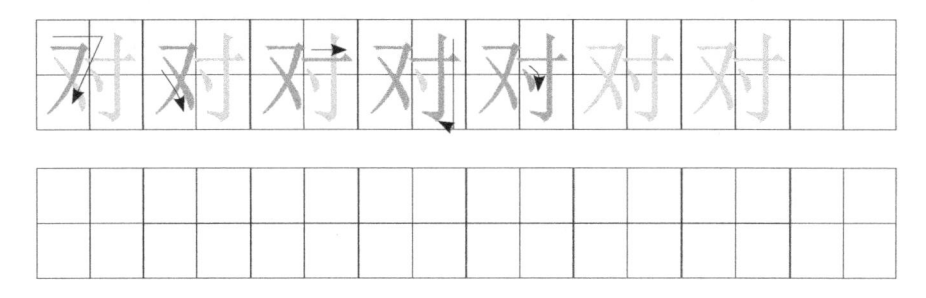

对 Fundamento: 寸

外 · exterior

wài

Composto pelos caracteres 夕 (crepúsculo) e 卜 (adivinhação), significa exterior. Associado a outros caracteres, pode formar 外国人 (wàiguó rén, estrangeiro) ou 外语 (wàiyǔ, língua estrangeira).

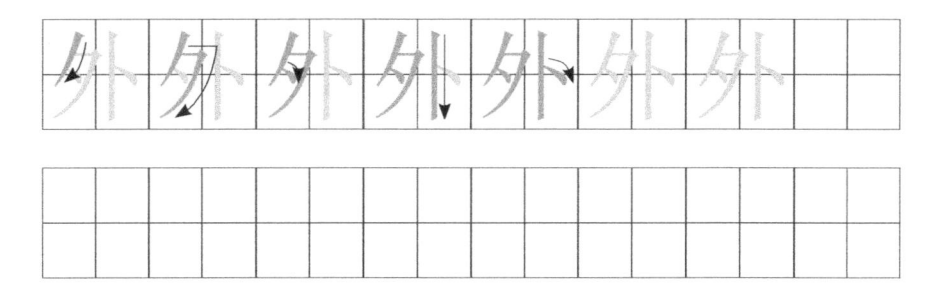

外 Fundamento: 夕

右 · direita
yòu

Composto pelos caracteres ナ (mão) e 口 (boca), 右 significa direita. Associado a 手, forma 右手 (yòushǒu, mão direita).

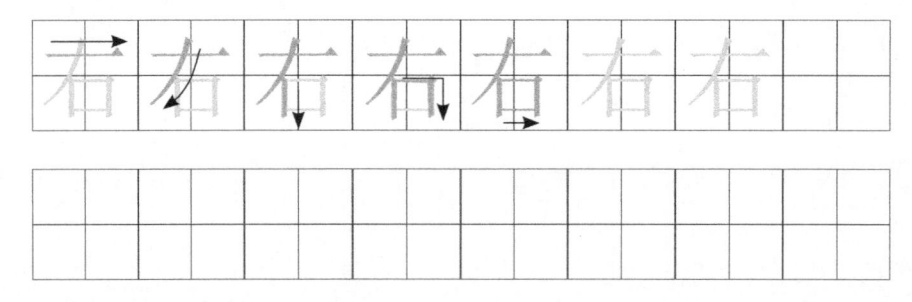

Fundamento: 口

左 · esquerda
zuǒ

Associação dos caracteres ナ (mão) e 工 (trabalho), significa esquerda. Quando associado ao caractere 右 (direita), gera 左右 (zuǒyòu, aproximadamente).

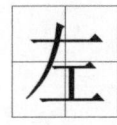

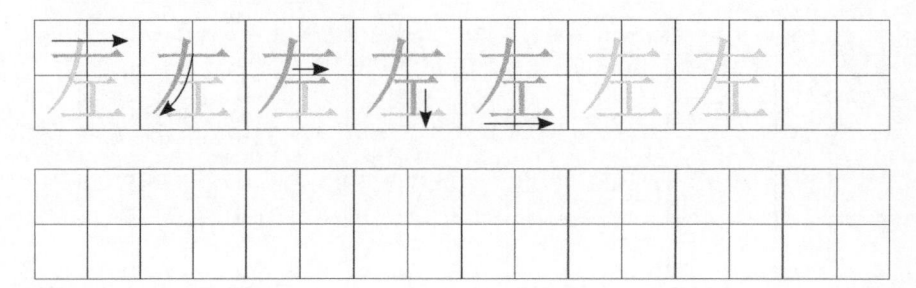

Fundamento: 工

叫 · chamar
jiào

Composto de 口 (boca) e um elemento fonético, o caractere 叫 significa chamar. Nós o encontramos nas frases 我叫你. (Wǒ jiào nǐ., Eu te chamo) e 我叫 David. (Wǒ jiào David., Eu me chamo David.).

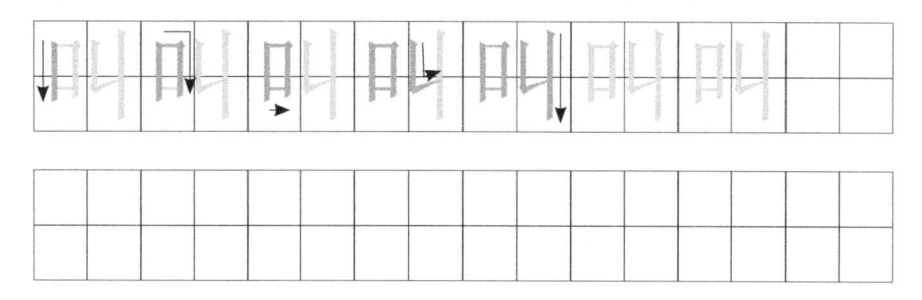

Fundamento: 口

去 · ir
qù

A grafia antiga representava uma pessoa deixando um local. Composto dos caracteres 土 (terra) e 厶 (particular), ele tem o sentido de ir. Nós o encontramos em 去中国 (qù Zhōngguó, ir à China).

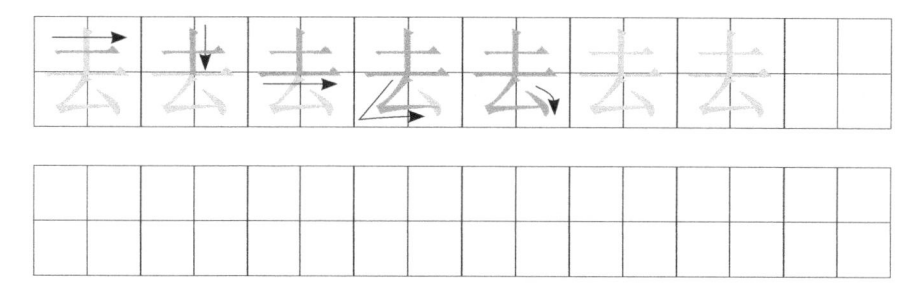

Fundamento: 厶

写 · escrever

xiě

Composto dos caracteres 冖 (tampa) e 与 (com), 写 significa escrever. Ele se associa a outros caracteres para formar 听写 (tīngxiě, ditado).

写 Fundamento: 冖

她 · ela

tā

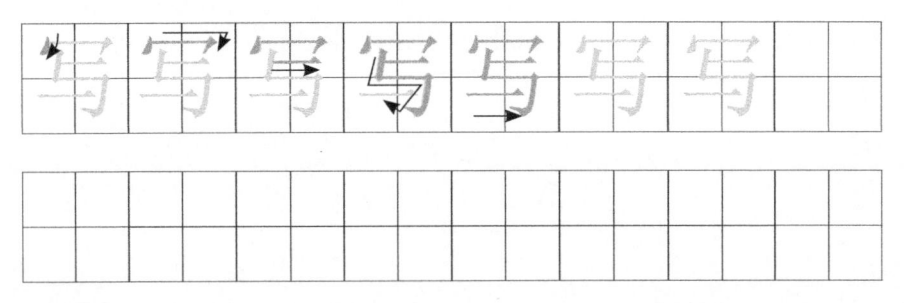

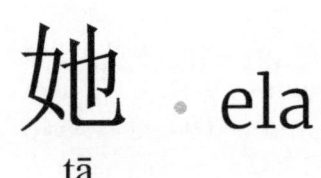

Composto pelos caracteres 女 (mulher) e 也 (também), significa ela. Associado à marca do plural 们, torna-se 她们 (tāmen, mulheres).

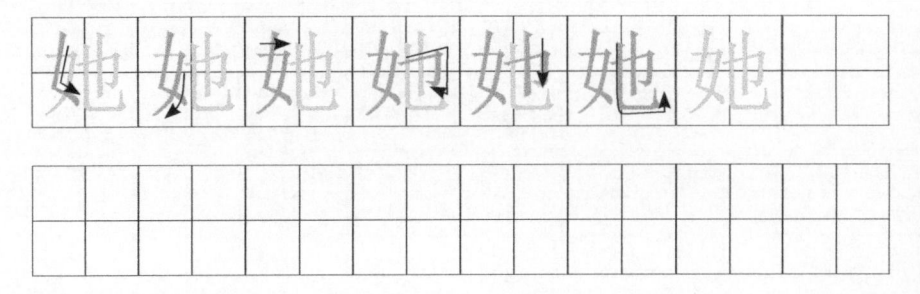

她 Fundamento: 女

那 · isso
nà

A grafia antiga deste caractere representava um povo com bardos que viviam em aldeias distantes. Ele significa isso e, associado ao caractere 个, forma 那个 (nàgè, aquele lá).

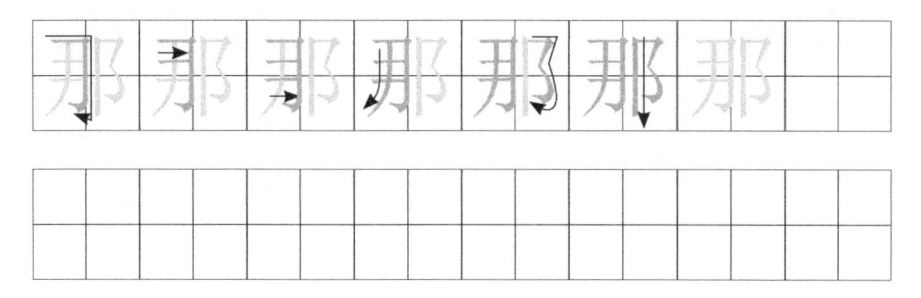

那 Fundamento: 阝

吃 · comer
chī

Composto pelos caracteres 口 (boca) e 乞 (mendigar), 吃 significa comer. Em associação com outros caracteres, forma 吃饭 (chīfàn, comer) e 好吃 (hào chī, delicioso).

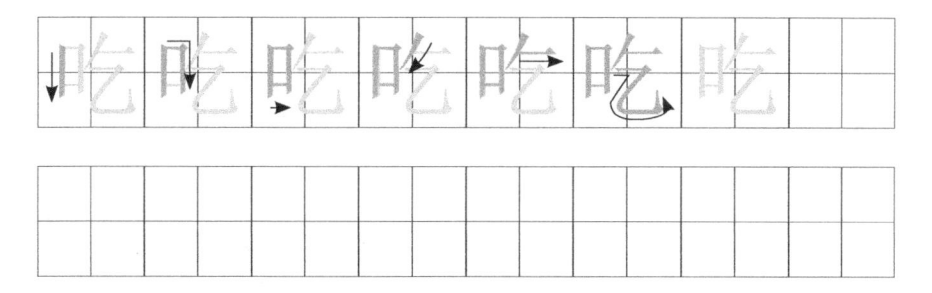

吃 Fundamento: 口

关 · fechar
guān

Composto dos caracteres ㄚ (contrário) e 天 (céu), significa fechar. Associado a outros caracteres, gera 关门 (guānmén, fechar a porta) 关心 (guānxīn, preocupado).

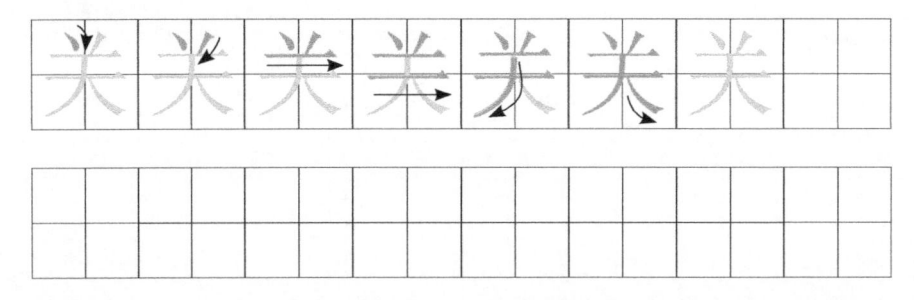

关 Fundamento: ㄚ

回 · voltar
huí

Composto pelos caracteres 口 (grávida) e 口 (boca), 回 significa voltar. Em associação com outros caracteres, é possível criar 回家 (huí jiā, voltar para casa) e 回中国 (huí zhōngguó, voltar para a China).

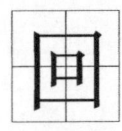

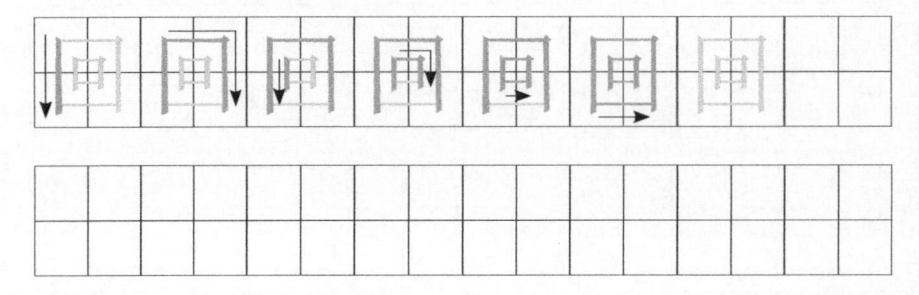

回 Fundamento: 口

买 · comprar

mǎi

Composto pelos caracteres 一 (gancho) e 头 (cabeça), significa comprar. Associado a outros caracteres, pode gerar 买书 (mǎishū, comprar os livros).

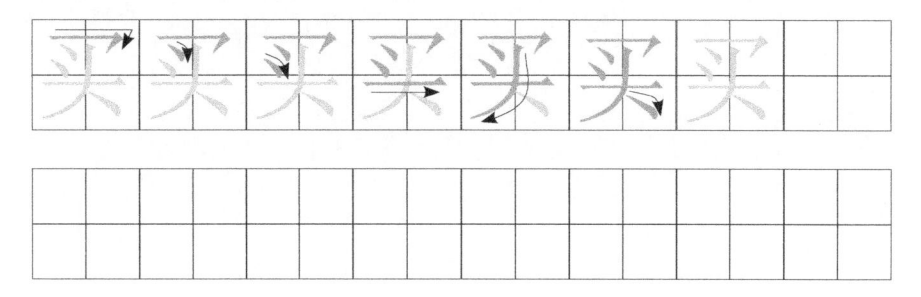

买 Fundamento: 乙

有 · ter

yǒu

A grafia antiga deste caractere representava uma mão segurando carne. Portanto, logicamente é composto dos caracteres 𠂇 (mão) e 月 (carne). Seu significado é ter e ele permite criar 有人 (yǒurén, Há alguém) e 没有 (méiyǒu, Não há).

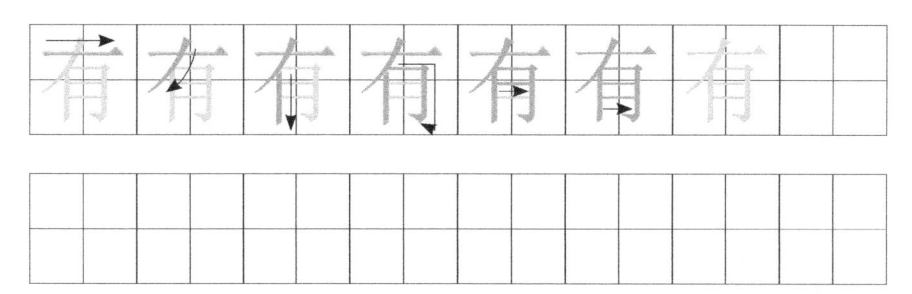

有 Fundamento: 月

在
zài · estar em, a, em

在 Fundamento: 土

A grafia antiga deste caractere representava uma mão segurando um objeto colocado no chão. Ele é composto dos caracteres 𠂇 (mão),丨 e 土 (terra), e significa estar em, assim como as preposições a e em, como na frase 她不在家。(Tā bú zàijiā., Ela não está em casa.).

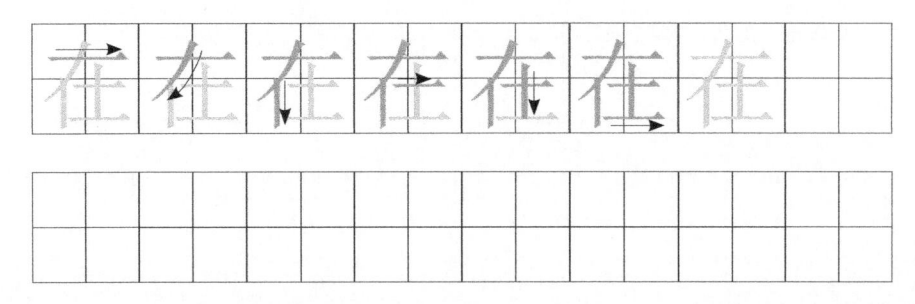

问
wèn · pedir

问 Fundamento: 门

Composto dos caracteres 门 (porta) e 口 (boca), significa pedir, descobrir, questionar, interrogar. Associado a outros caracteres, gera 问好 (wènhǎo, dizer bom dia).

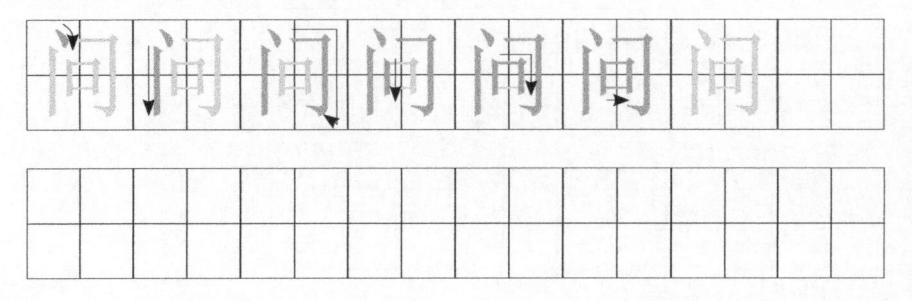

多 · bastante
duō

A grafia antiga deste caractere representava dois crepúsculos, e por isso ele é composto de dois caracteres 夕. Significa vários, muito, como na frase 车很多。(Chē hěnduō., Há bastantes carros.).

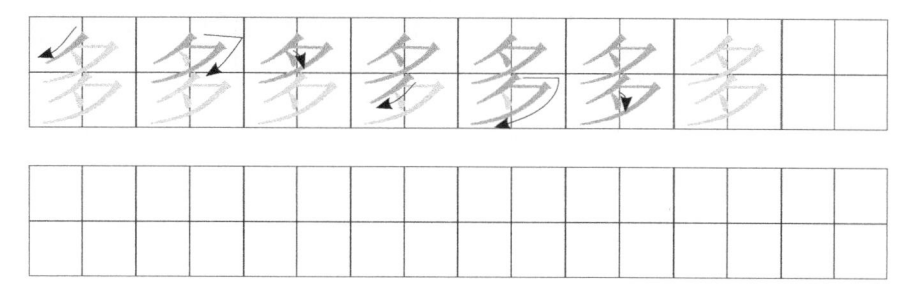

多 Fundamento: 夕

好 · bom, bem
hǎo

好 é composto dos caracteres 女 (mulher) e 子 (criança), e significa bom, bem, fácil de. Nós o encontramos em 你好 (nǐ hǎo, bom dia), 很好 (hěn hǎo, muito bem) e 不好 (bù hǎo, nada bem).

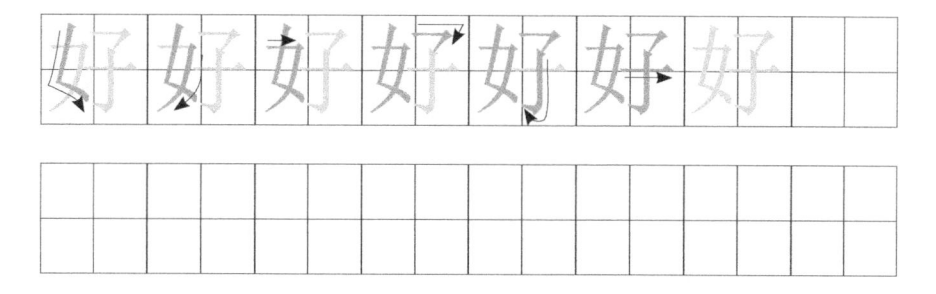

好 Fundamento: 女

早 · manhã

zǎo

A grafia antiga deste caractere representava um sol acima de uma cruz. Composto de 日 (sol) e 十 (dez), significa cedo, manhã, matinal e é encontrado em 早上 (zǎoshang, manhã, matinal).

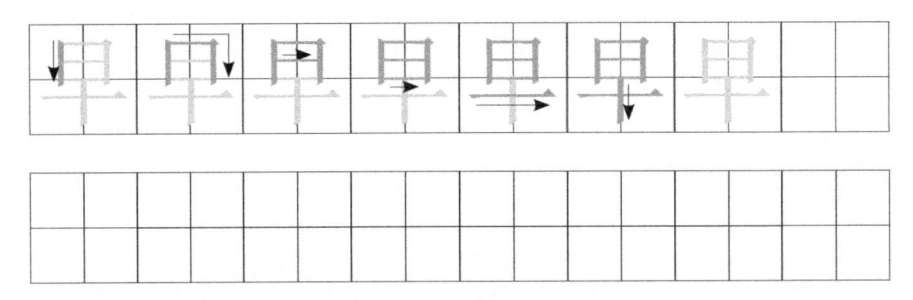

早 Fundamento: 日

后 · atrás

hòu

Composto dos caracteres 厂 (falésia), 一 (um) e 口 (boca), significa atrás, antes, e permite criar 后天 (hòutiān, depois de amanhã) e 吃饭后 (chīfàn hòu, depois de ter comido).

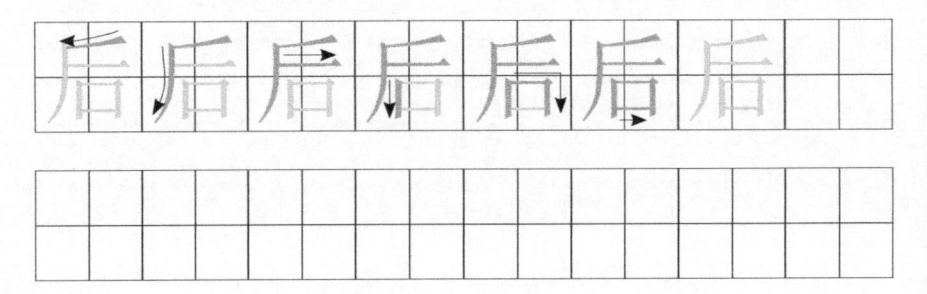

后 Fundamento: 口

吗
ma

Composto dos caracteres 口 (boca) e 马 (cavalo), representa uma partícula final interrogativa, como na frase 你会说法语吗? (Nǐ huì shuō fǎyǔ ma ?, Você fala francês?).

Fundamento: 口

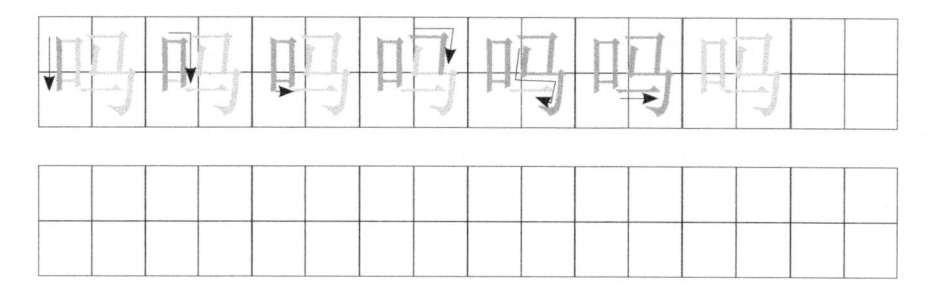

会
huì

saber fazer

Composto dos caracteres 人 (homem) e 云 (nuvem), significa saber fazer alguma coisa. Nós o encontramos, por exemplo, em 会说法语 (huì shuō fǎyǔ, saber falar francês).

Fundamento: 人

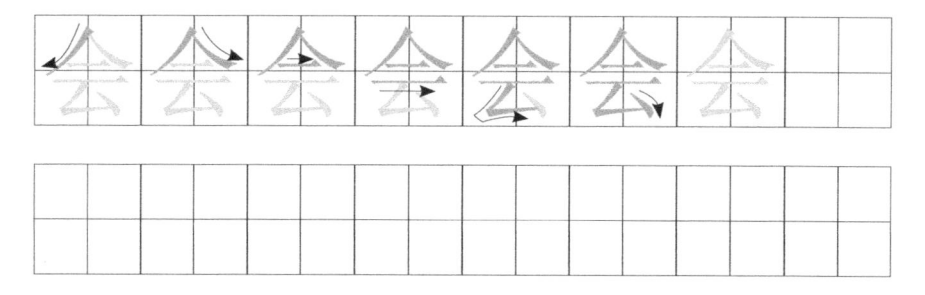

你 · tu, te
nǐ

Composto dos caracteres 亻(homem) e 尔 (tu), ele tem o sentido de tu, te. Associado a outros caracteres, cria 你们 (nǐmen, vós {plural}) e 你的 (nǐ de, teu, o teu).

你 Fundamento: 亻

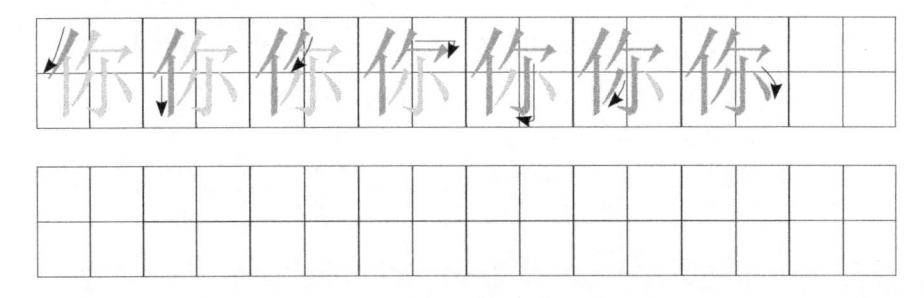

这 · isto
zhè

Composto dos caracteres 文 (escrita) e 辶 (caminhada), significa isto. Nós o encontramos em 这个 (zhège, este) e 这里 (zhèlǐ, aqui).

这 Fundamento: 辶

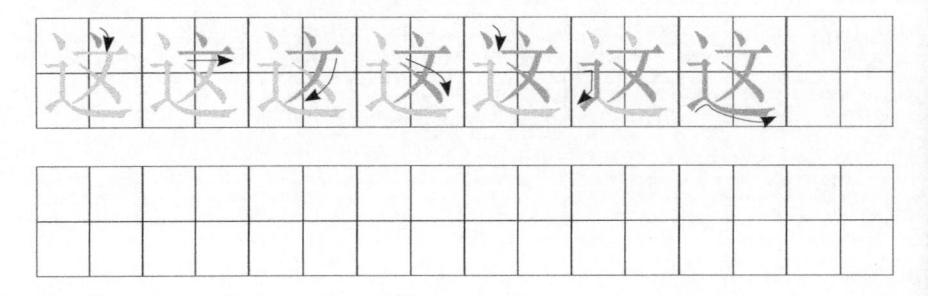

还 · ainda
hái/huán

Composto pelos caracteres 不 (não) e 辶 (caminhada), significa ainda. Associado a outros caracteres, gera 还是 (hái shì, ou mesmo), 还有 (hái yǒu, ainda há) e 还书 (huán shū, devolver os livros).

Fundamento: 辶

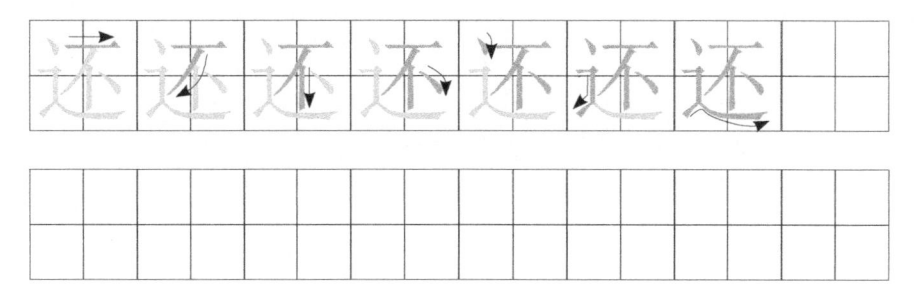

没 · não
méi

Composto de três caracteres, 氵 (água), 几 (quanto) e 又 (ainda), significa não ter. É uma partícula negativa empregada com o verbo 有, que marca a negação do passado ou do realizado. Nós o encontramos em 没有 (méi-yǒu, não há) e 没人 (méi rén, não há ninguém).

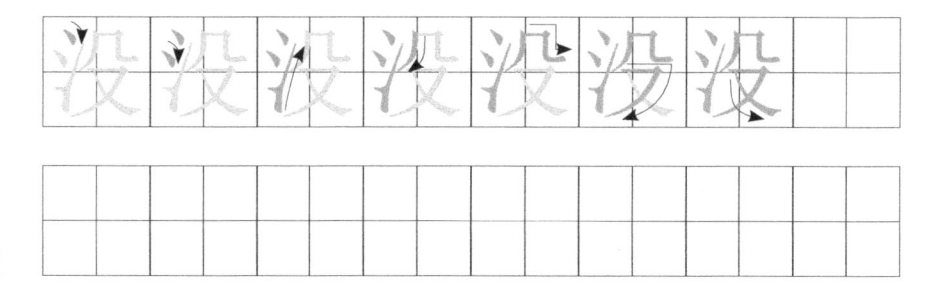

Fundamento: 氵

进 · entrar

jìn

Composto pelos caracteres 井 (poços) e 辶 (andar), significa entrar. Está presente em 进去 (jìnqù, entrar).

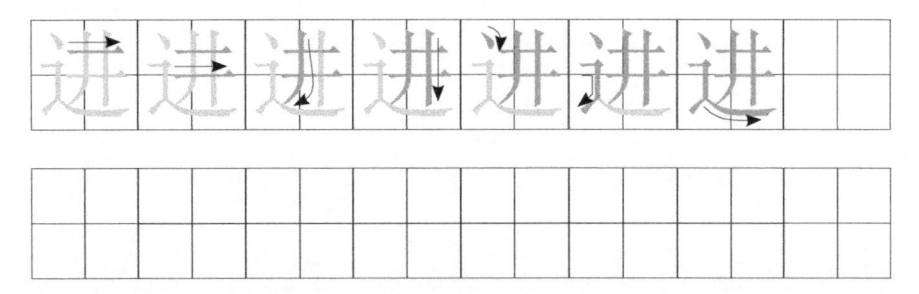

进 Fundamento: 辶

听 · escutar

tīng

Composto pelos caracteres 口 (boca) e 斤 (machado, livro), significa escutar. Nós o encontramos em 听说 (tīng shuō, ouvi dizer) e 好听 (hǎotīng, agradável de ouvir).

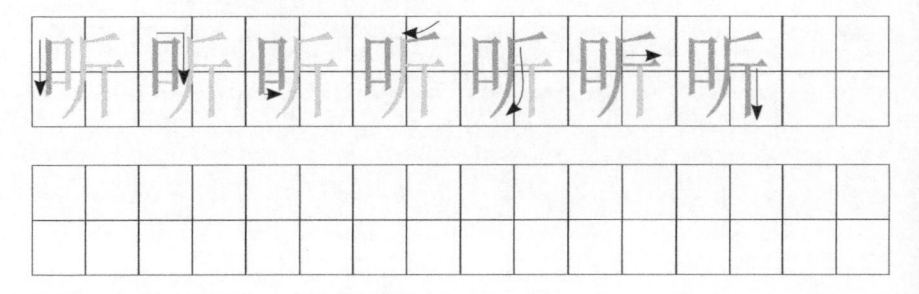

听 Fundamento: 口

住 zhù · morar, viver

Composto dos caracteres 亻(homem) e 主 (mestre), ele significa morar, viver. Nós o encontramos em 住在 (zhù zài, morar em).

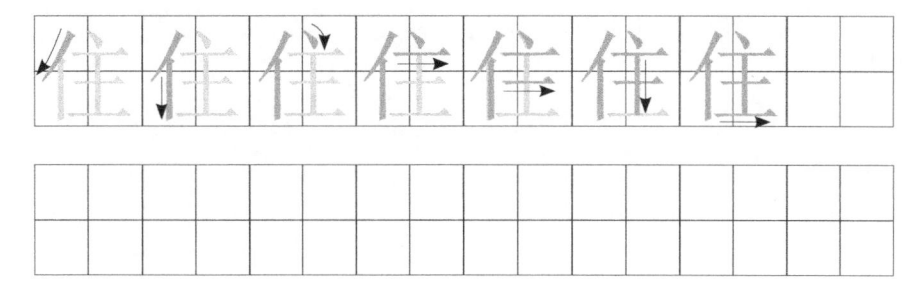

住 Fundamento: 亻

走 zǒu · andar

A grafia antiga deste caractere representava uma pessoa andando e agitando os braços, então não surpreende que signifique andar, ir, partir. Nós o encontramos na frase 他走了。(Tā zǒu le., Ele partiu.).

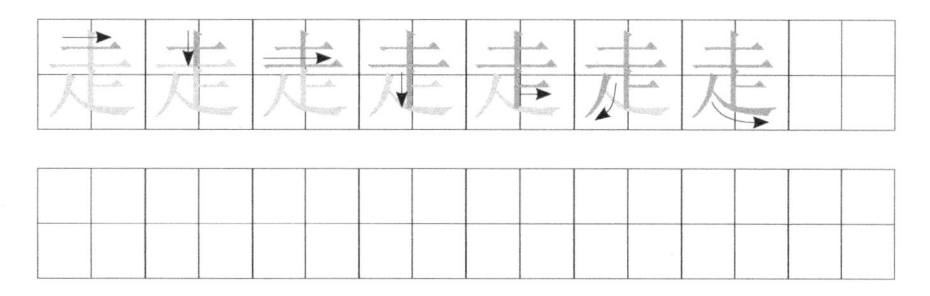

走 Fundamento: 走

作 · fazer
zuò

Composto de 亻 (homem) e 乍 (utensílio), significa fazer, compor. Associado a outros caracteres, permite criar 工作 (gōngzuò, trabalho, trabalhar).

Fundamento: 亻

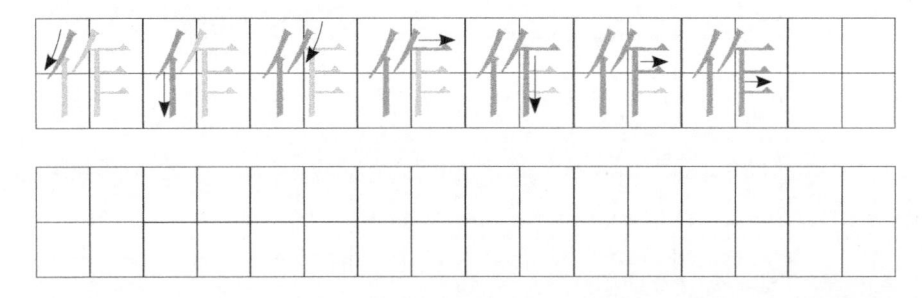

坐 · sentar-se
zuò

A grafia antiga deste caractere representava duas pessoas sentadas no chão. Composto de três caracteres, duas vezes o do homem 人 e 土 (terra), ele significa sentar-se. Nós o encontramos em 坐车 (zuòchē, pegar o carro) e 坐下 (zuò xià, sente-se).

Fundamento: 土

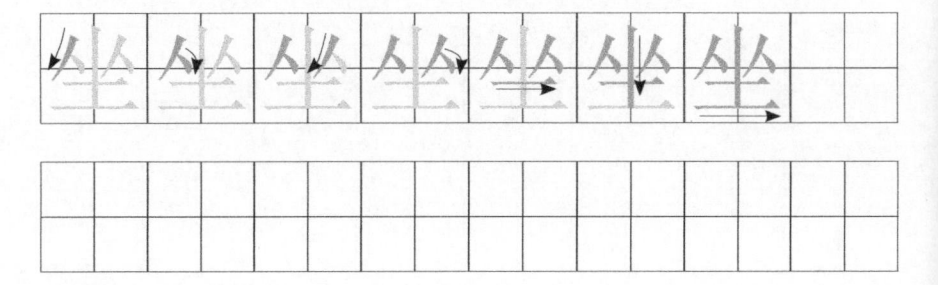

饭 · refeição, comida
fàn

Composto dos caracteres 饣 (comida) e 反 (opor-se), significa refeição, comida. Quando associado a outros caracteres, ele gera 早饭 (zǎofàn, café da manhã).

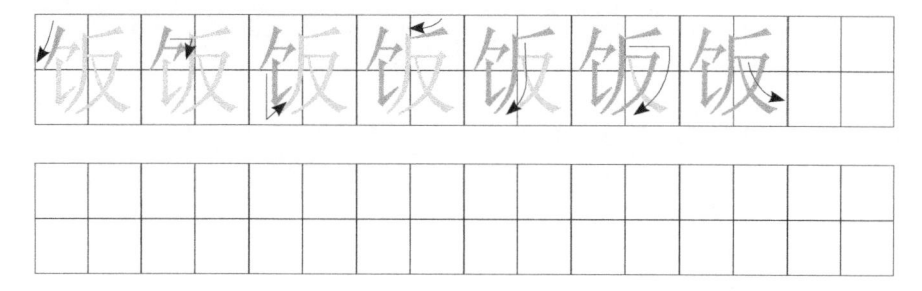

饭 Fundamento: 饣

男 · homem, masculino
nán

A grafia antiga deste caractere representava a flecha de um arado cultivando campos. Hoje, significa homem, masculino e é encontrado em 男人 (nánrén, homem).

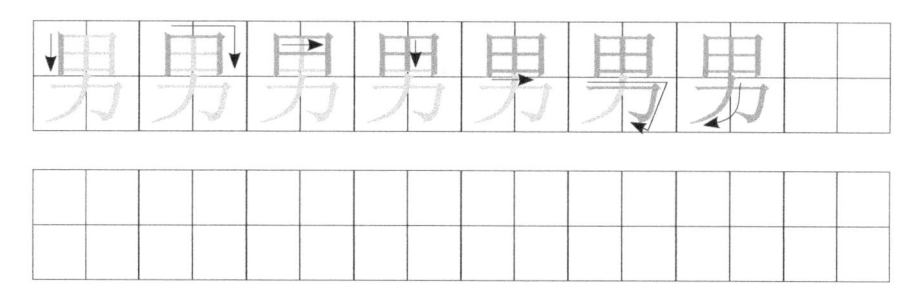

男 Fundamento: 田

法 · lei, meio, método
fǎ

Composto dos caracteres 氵 (água) e 去 (ir), significa lei, meio, método. Nós o encontramos em 法国 (Fǎguó, França).

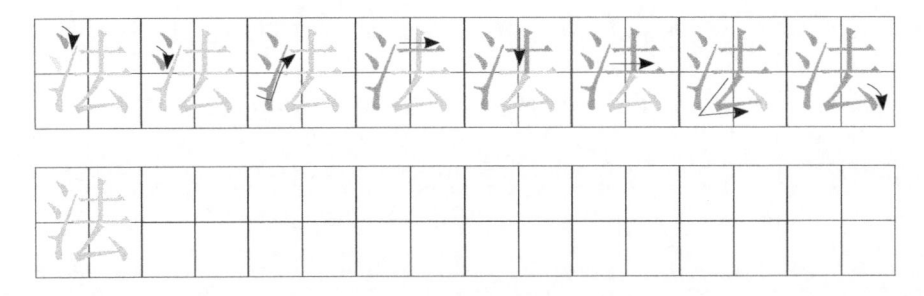

法 Fundamento: 氵

到 · chegar
dào

Composto de quatro caracteres — 一 (um), 厶 (particular), 土 (terra) e 刂 faca — 到 significa chegar. Ele está presente em 到家 (dàojiā, chegar em casa) e na frase 我到了。(Wǒ dàole., Eu cheguei.).

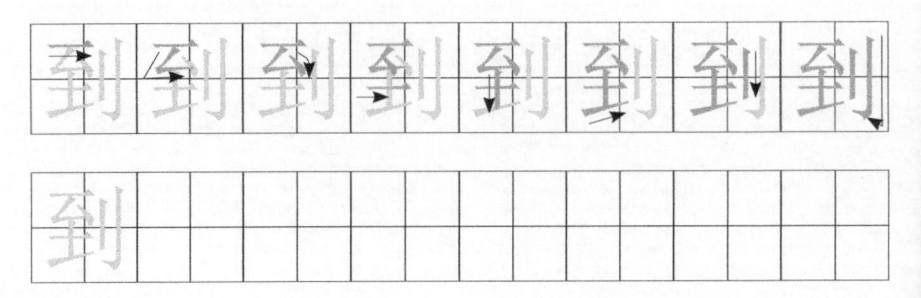

到 Fundamento: 刂

学
xué — estudar, aprender

A grafia antiga deste caractere representava uma criança recebendo conhecimentos das duas mãos do professor. Portanto, ele logicamente significa estudar, aprender. Composto de 丷, 冖 (tampa) e 子 (criança), nós o encontramos em 学中文 (xué zhōngwén, aprender chinês) e 上学 (shàngxué, ir à escola).

Fundamento: 子

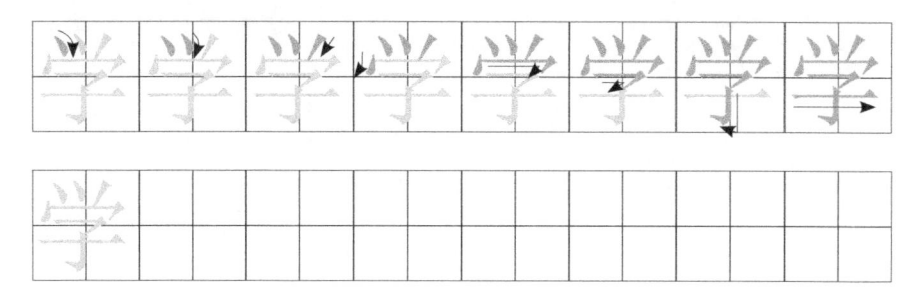

的
de

Composto de 白 (branco) e 勺 (colher), representa a partícula do determinante. Nós o encontramos em 我的 (wǒ de, meu, minha) e 女的 (nü de, feminino).

Fundamento: 白

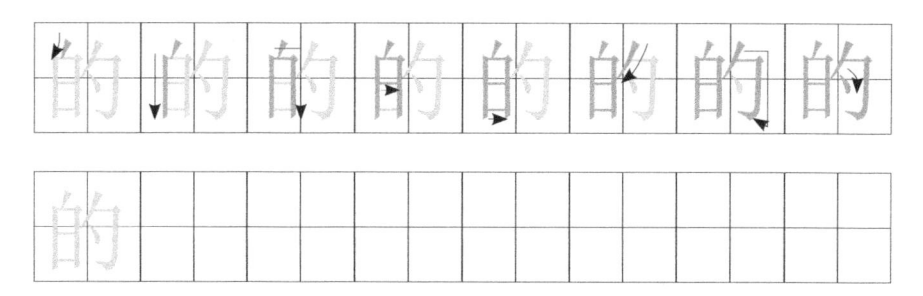

和 • e
hé

Composto dos caracteres 禾 (cereal) e 口 (boca), significa e. Está presente em 我和你 (wǒ hé nǐ, eu e você).

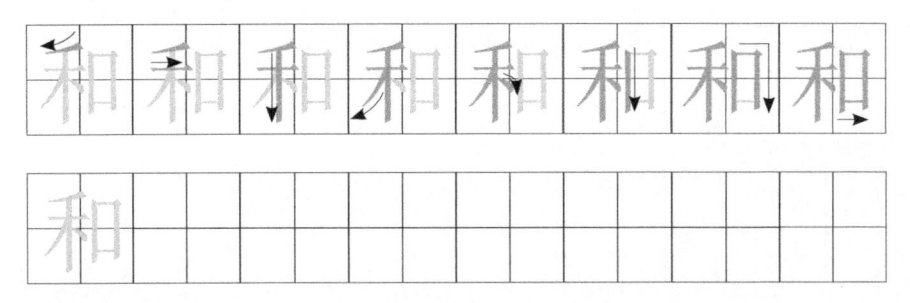

和 Fundamento: 口

国 • país
guó

Abrangendo nove traços, este caractere é composto de 口 (grávida) e 玉 (jade), e significa país. Nós o encontramos em 国家 (guójiā, Estado, país).

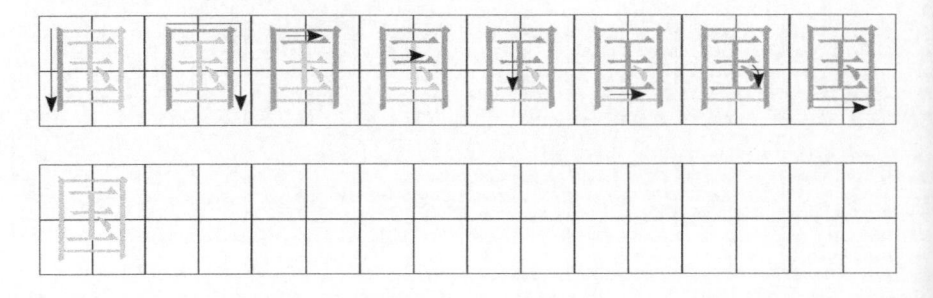

国 Fundamento: 口

很 · muito
hěn

Composto dos caracteres 彳 (passo do pé esquerdo) e 艮 (rigidez), significa muito. É utilizado na frase 我很好。(Wǒ hěn hǎo., Eu vou muito bem.).

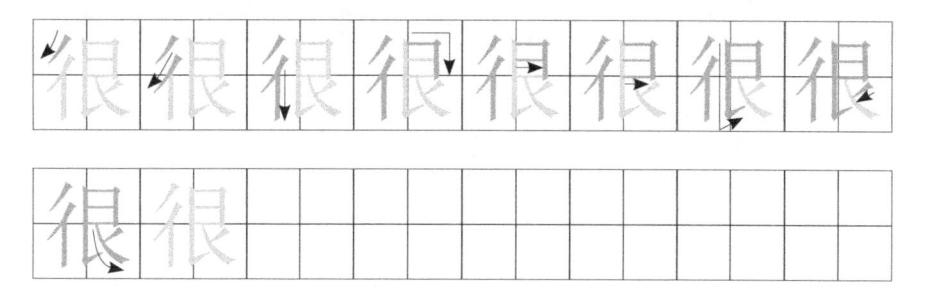

很 Fundamento: 彳

看 · olhar, ver
kàn

Composto pelos caracteres 手 (mão) e 目 (olho), significa olhar, ver. Está presente em 看书 (kànshū, ler) e 好看 (hǎo kàn, interessante, bonito).

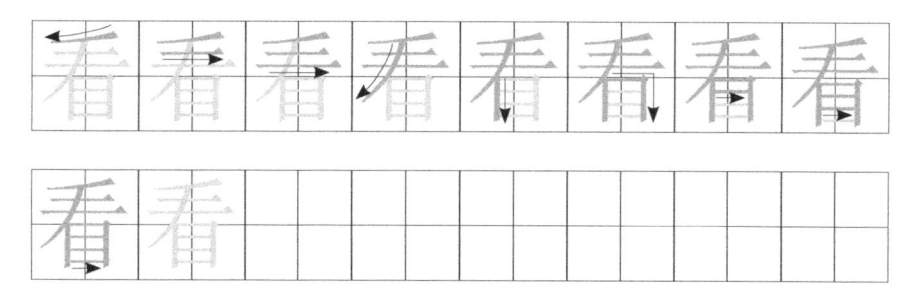

看 Fundamento: 目

是 · ser
shì

A grafia antiga do caractere representava uma pessoa andando ao sol. Os nove traços deste caractere significam ser. Nós o encontramos em 是吗？ (Shì ma?, Ah, é?) e 是的。 (Shì de., Sim.).

Fundamento: 日

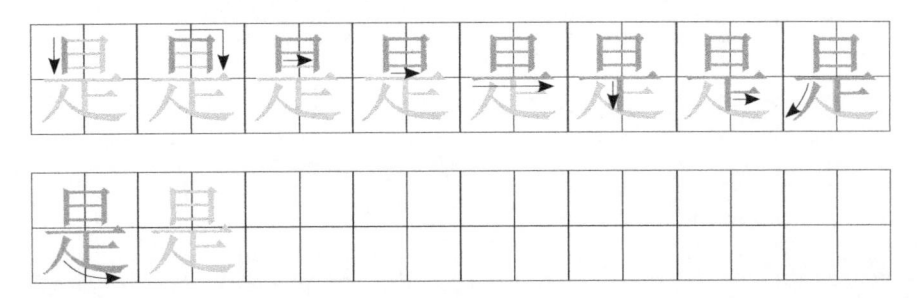

说 · falar, dizer
shuō

Composto de quatro caracteres — 讠 (palavra), 丷 (contrário), 口 (boca) e 儿 (filho) —, significa falar, dizer. Nós o encontramos em 他说 (tā shuō, ele diz), 小说 (xiǎoshuō, romance) e 说中文 (shuō zhōngwén, falar chinês).

Fundamento: 讠

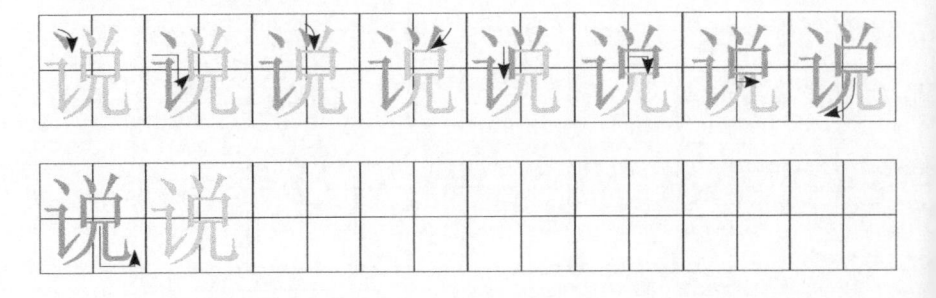

语 · língua
yǔ

Composto pelos caracteres 讠 (palavra), 五 (cinco) e 口 (boca), significa língua, palavra. Nós o encontramos em 日语 (rìyǔ, língua japonesa), 法语 (fǎyǔ, língua francesa) e 语法 (yǔfǎ, gramática).

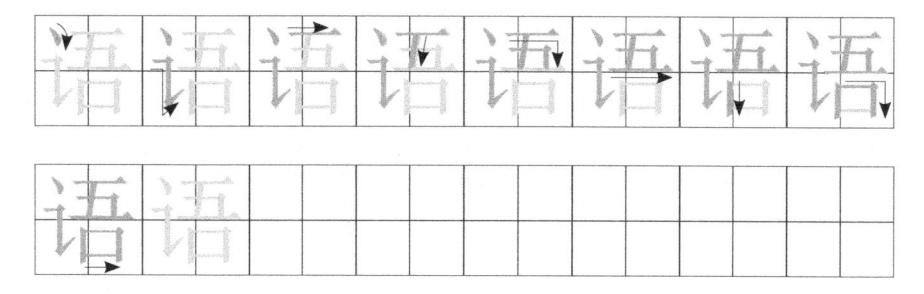

语 Fundamento: 讠

前 · perante, antes
qián

Composto de quatro caracteres — 丷 (contrário), 一 (um), 月 (lua) e 刂 (faca) —, significa perante, antes. Este caractere está presente em 前天 (qiántiān, anteontem) e 吃饭前 (chīfàn qián, antes da refeição).

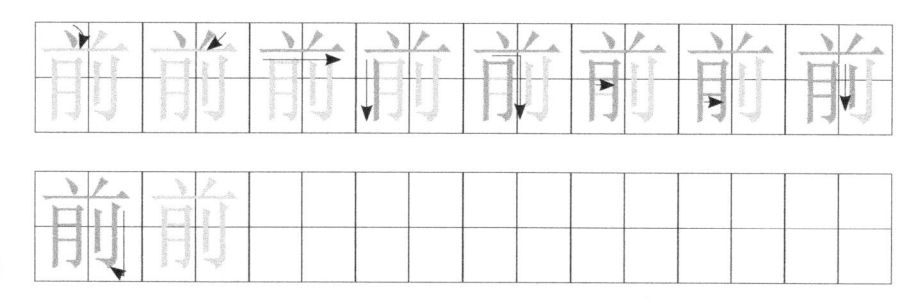

前 Fundamento: 刂

要 · querer
yào

Fundamento: 覀

A grafia antiga deste caractere representava duas mãos envolvendo a cintura de uma mulher. Hoje, significa querer, precisar de, ser necessário. Nós o encontramos nas frases 我要去中国。(Wǒ yào qù Zhōngguó., Eu quero ir à China.), 要五个月。 (Yào wǔ gè yuè., São necessários cinco meses) e 不要了。 (Bú yào le., Eu quero mais.).

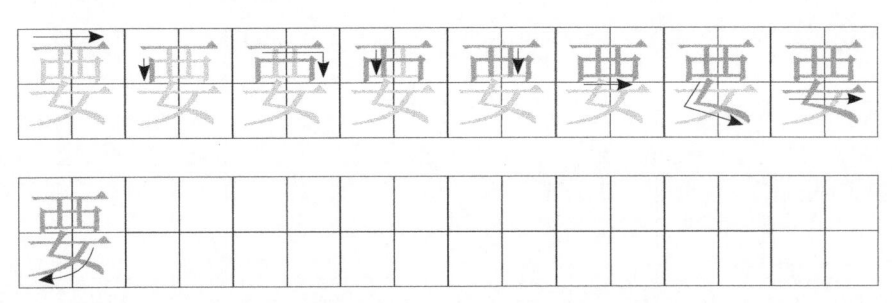

家 · casa, família
jiā

Fundamento: 宀

A grafia antiga deste caractere representava um porco sob um teto. Composto de 宀 (teto) e 豕 (porco), ele significa casa, família. 家 está presente em 家人 (jiārén, família).

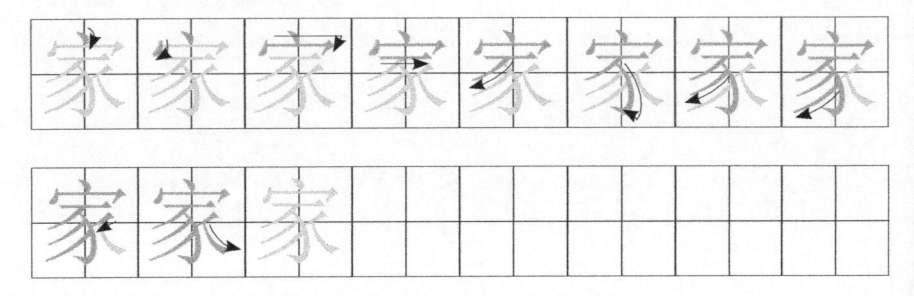

能 • poder

néng

Composto de quatro caracteres — 厶 (particular), 月 (lua) e duas vezes 匕 (adaga) —, significa poder, ser capaz de. Ele é utilizado na frase 你能不能来？(Nǐ néng bù néng lái?, Você pode vir?).

能 Fundamento: 月

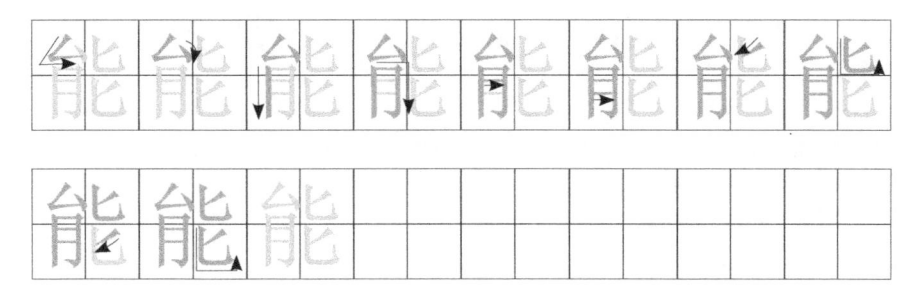

做 • fazer

zuò

Composto dos caracteres 亻 (homem), 古 (antigo) e 攵 (mão segurando um bastão), significa fazer. Nós o encontramos em 做饭 (zuò fàn, cozinhar).

做 Fundamento: 亻

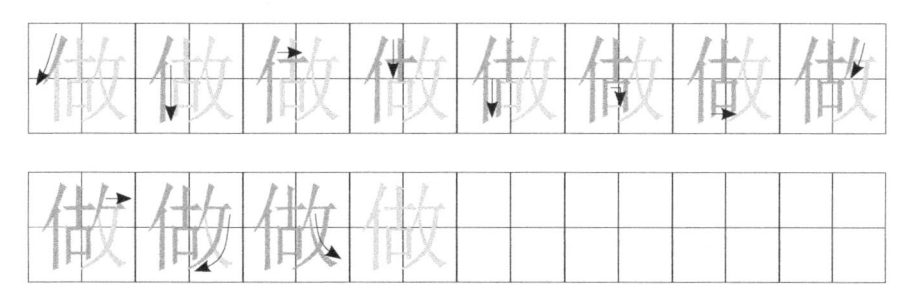

晚 wǎn · tarde, noite

Composto dos caracteres 日 (sol) e 免 (tirar), ele significa tarde, noite. Está presente em 晚上 (wǎnshang, noite), 晚饭 (wǎnfàn, jantar) e 来晚了 (lái wǎn le, estar atrasado).

Fundamento: 日

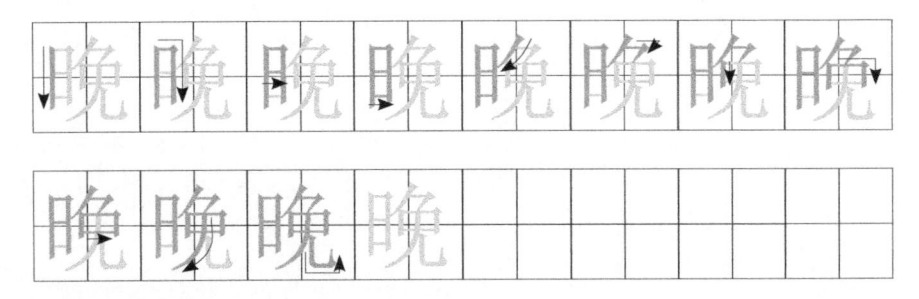

喝 hē · beber

Composto dos caracteres 口 (boca), 日 (sol) e 匃 (mendigo), significa beber. Nós o encontramos em 喝水 (hē shuǐ, beber água).

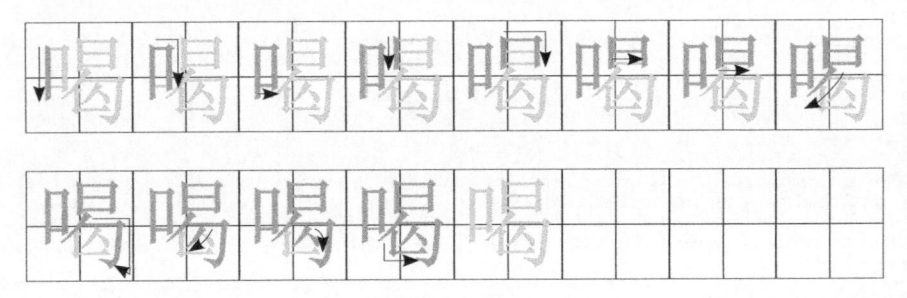

Fundamento: 口

黑 · preto
hēi

Composto de quatro caracteres — 口 (boca), ⌄ (contrário), 土 (terra) e 灬 (fogo) —, significa preto. Nós o encontramos em 黑人 (hēirén, os negros) e 天黑了 (Tiān hēi le., É noite.).

Fundamento: 黑

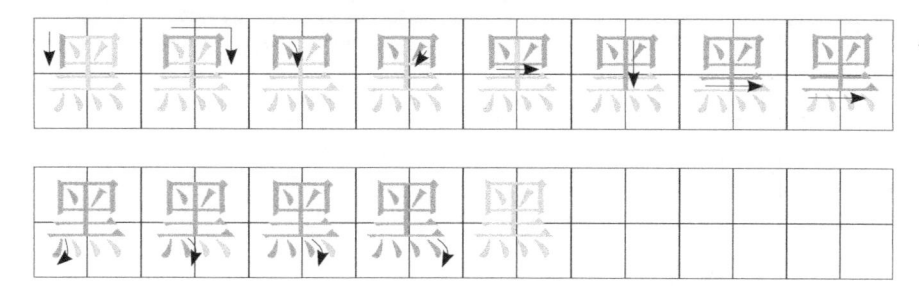

想 · pensar
xiǎng

Composto dos caracteres 木 (árvore), 目 (olho) e 心 (coração), significa querer, pensar. Ele está presente em 我想… (wǒ xiǎng…, eu penso que…) e 我想你。(wǒ xiǎng nǐ., Sinto sua falta.).

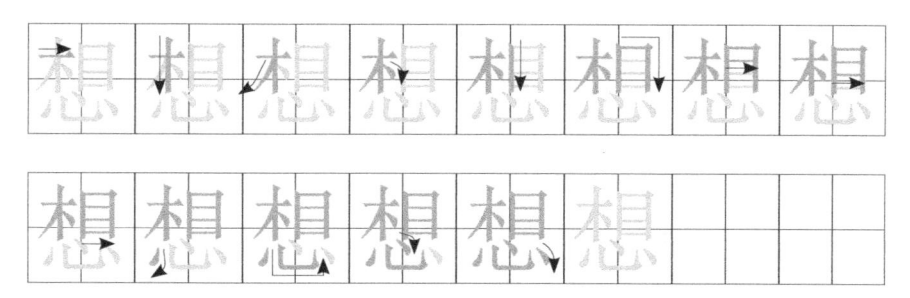

Fundamento: 心

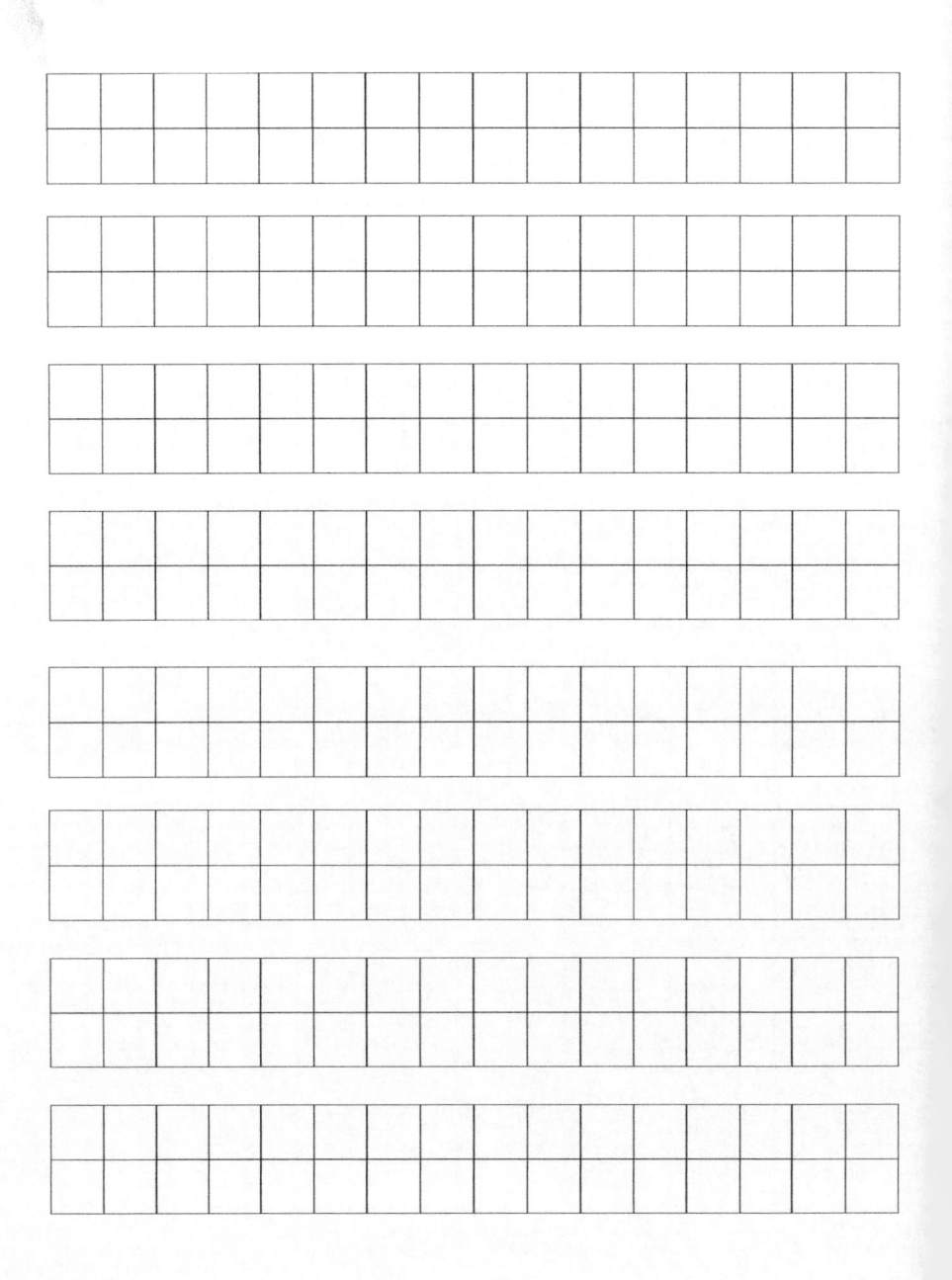